노인이 살아야, 나라가 산다

전병태, 류동순 지음

스스로를 사랑하고 청년에게 존경받는 어르신이 되자!

인생의 삼 분의 일을 노인으로 살아야 하는 시대,
우아하고 자유롭고 충만한 노후를 위한 길잡이 같은 책

노인이 살아야, 나라가 산다

초판 1쇄 발행 2022년 8월 15일

지 은 이   전병태, 류동순
발 행 인   권선복
편   집   권보송
전 자 책   서보미
발 행 처   도서출판 행복에너지
출판등록   제315-2011-000035호
주   소   (157-010) 서울특별시 강서구 화곡로 232
전   화   0505-613-6133
팩   스   0303-0799-1560
홈페이지   www.happybook.or.kr
이 메 일   ksbdata@daum.net

값 20,000원
ISBN 979-11-92486-15-4 (13190)

Copyright ⓒ 전병태, 류동순, 2022

도서출판 행복에너지는 독자 여러분의 아이디어와 원고 투고를 기다립니다. 책으로 만들기를 원하는 콘텐츠가 있으신 분은 이메일이나 홈페이지를 통해 간단한 기획서와 기획의도, 연락처 등을 보내주십시오. 행복에너지의 문은 언제나 활짝 열려 있습니다.

노인이 살아야,
나라가 산다

전병태, 류동순 지음

도서
출판 **행복에너지**

들어가기 전에

청춘만 아픈 게 아니다. 흔들리는 노년도 미래의 불안감으로 아프다. 사람들은 나이가 들면서 노년을 걱정한다. 노인들의 '앞으로 어떻게 살 것인가?' 하는 걱정은 청소년들의 '앞으로 커서 뭐 하지?' 하는 고민과 크게 다르지 않다. 세상에 태어나 죽을 때까지, 모든 삶은 소중하고, 그 삶의 가치는 청년이나 노년이나 다를 바 없다. 그렇기에 80대의 시간이 20대와 마찬가지로 소중한 것이다.

노인이 되면 대부분의 사람들이 '추하게 늙고 싶지 않다'고 말한다. 자식들을 절대로 성가시게 하지 않고 자립적으로 살아야겠다고 마음을 먹으며, 건강하고 우아하게 늙고 싶은 것이 한결같은 바람이다. 그렇게 희망하지만, 현실은 바람과 다르다.

노년의 의식주에서 의(衣)는 의료비의 의(醫)를 의미한다. 고령화로 인해 노인 인구의 건강보험 진료비는 2015년 21조 6000억 원에서 2060년 390조 8,000억 원으로 급증할 전망이어서 국가의 부담도 벅차다. 이에 따라 세금은 천정부지로 치솟고, 의료혜택이 대폭 줄어든다. 정부 부채가 감당할 수 없는 수준으로 늘어나게 되면 경제성장의 둔화로 연결되고 국가 경제에도 큰 부담으로 작용할 것이므로 암울하게 전망된다. 이는 고령화가 경제 근간을 무너뜨리는 종말의 동기가 될 수도 있다는 암시다.

이 같은 사회적 비용을 줄이는 것이 한국의 경쟁력을 높이는 길이다. 국가나 기업, 개인이 도와줄 수 있는 부분은 너무나 한정적이고 제한되어 있기 때문에 얼마나 준비할 수 있는 것인가는 결국 개인의 몫이다. 노인들도 국가나 사회가 주변에서 무엇을 해주기만을 바랄 것이 아니라 스스로 무엇인가 할 일을 찾아서 하는 쪽으로 삶의 방향을 바꿔야 한다.

나라가 제 길로 제대로 나가려면 노인들이 제 구실을 하여야 한다. 노인이 살아야 나라가 사는 것이다. 아직 넉넉히 일할 수 있는 60대~70대 노인들이 할아버지라고 헛기침만 하고 뒷짐 지고 이제는 늙었으니 내가 할 일은 없다, 내 한 몸 편하게 살다 가자는 식으로 허송세월 보내는 것은 본인과 가족들, 그리고 사회 전체적으로 안타까운 일이다.

인생 100세 시대라는 말이 일반화된 요즘 이런 현상은 바람직스럽지 않다. 인간수명이 늘어나는 것은 단지 힘없고 기운 빠진 노년기가 늘어나는 것이 아니다. 신체가 노화된다고 해서, 경제활동이 끝나는 시기가 아니다. 노화 과정이 느려지면서 생산적인 중년기가 길어지는 것이다. 또한 최근에는 완력이 필요한 힘든 작업은 기계가 대체하기 때문에 80세 전후까지도 노동이 가능하다. 노년기를 경제활동이 지속 가능한 시기로 본다면, 고령화 현상은 오히려 노동력 부족의 새로운 탈출구로서 잠재력이 충분하다.

노인의 지혜와 경험을 바탕으로 풍요로운 경륜을 활용하는 가정과 사회, 그리고 국가는 발전할 수 있을 것이다. 이는 노동시장의 새로운 인력의 공급원이 되고, 미래세대의 부담을 덜어 줄 수 있기 때문이다. 노년의 생활에도 끊임없이 무언가 생산적인 활동을 해나가는 것은 적극적으로 삶에 참여하는 것이다. 성공적인 노화를 위해서는 질병과 장애를 피해 가면서, 신체적, 정신적 기능을 잘 유지하고 끝까지 삶에 참여해야 한다. 평소의 실력과 능력을 살려, 무엇을 할 수 있는가가 중요하다. 아니면 지금부터라도 무엇인가 배우고 갈고 닦으려는 노력이 필요하다. 그래야 사회의 힘이 되는 시니어를 꿈꿀 수 있고, 어떤 미래가 오는 그 미래의 주역이 될 수 있다. 궁극적으로 인생 후반을 충만하게 살려는 노인들의 노력이 우리 사회에도 유례없는 기여를 할 수 있다는 점을 강조하고 싶다.

노년의 기간은 결코 짧지 않다. 과거 평균수명이 짧았던 시대에는 현업에서 은퇴하고 뒷방으로 물러나 여생을 보낼 수 있는 노년의 기간을 부차적인 삶의 기간으로 여겼지만, 요즘과 같은 고령화 시대는 인생의 정점을 조금 지난 나이에 불과하다. 노년의 삶은 여생이 아니라, 후반생(後半生)이다. 지금의 노년기는 후반생의 새로운 시작이며 전환점이기에, 도전하는 계기로 활용해야 하는 것이다. 우리는 늙어가면서 하나하나 잃어가지만, 그 잃음의 자리는 정신적인 자유와 충만함으로 채워지며, 인생의 황금기를 누릴 수 있는 새로운 기회 또한 오게 된다. 노년의 상실감을 품위와 의지로 견뎌내는 것이야말로 마지막으로 용감해질 수 있는 기회다. 죽는 그 순간까지 활기찬 삶을 유지하고 멋진 삶으로 마무리하기 위해서는 얼마나 오래 사느냐가 중요한 것이 아니라 어떻게 사느냐가 중요하다. 지금이라도 조금 남아있는 인생길이지만 결코 후회하지 않도록 보람차고 멋진 삶을 살아 봐야 한다.

다가오는 남은 세월을 관리하는 것이 소중한 것이다. 노년의 미래를 대비하기 위하여 스스로 배우고 깨닫는 공부를 하여 준비를 하는 것이 인생을 사는 지혜다. 나이 들수록 부지런히 공부하지 않으면 그런 내공은 갑자기 생기지 않는다. 우리는 제대로 된 노인이 되는 방법에는 매우 서툴다. 지난 한 세기 동안에 기대 수명이 두 배 가까이 늘어난 반면, 노화와 노년에 대한 지식은 한 참 시대에 뒤떨어져 있다. 그래서 이 책을 통해 노년을 건강하고 신나게 살아가야겠다는 다짐과 지혜를 공유하고자 한 것이다.

전병태 류동순 올림

목차
🌿

제2장 인생의 새로운 시험

제3장 노년의 예찬론

제1장

고령화
이야기

I
세계 최고
고령화 속도의 대한민국

✿

"늙어서 이렇게 편안한 것을,
버리고 갈 것만 남아서 홀가분하다."

(박경리)

대한민국도 장수국이다. 통계청 자료(2019년 기준)에 의하면 평균수명은 82세다. 우리나라는 2000년에 이미 전체 인구에서 노인 비중이 7% 이상인 '고령화 사회'를 거쳐, 2017년에 14% 이상인 '고령 사회'로 진입하였다. 이제 고령 사회가 되면서 80세, 90세, 100세까지 살 수가 있다는 희망이 현실화되고 있다.

'고령화 사회'에서 '고령 사회'로 전환되는 데 소요된 기간이 프랑스 115년, 스웨덴 85년, 미국 75년, 영국과 독일 45년, 일본 24년이었던 것에 비해, 우리나라는 17년이었다. 다른 나라에 비교해서 지구상에서 가장 급격하게 늙어가는 나라인 것이다. 고령화에 가속이 붙고 있다는 이야기다.

2060년이 되면 초고령 사회(전체 인구 중에 65세 이상 고령자 비중이 20% 이상)에 진입하게 된다. 이제 70대는 노인 후보생으로 워밍업 단계이고, 80대는 초로(初老)에 입문하고, 90대는 중노인(中老人)을 거쳐, 망백(望百)의 황혼길 어둠 속으로 사라지는 인생이다. 이에 대처하기 위해 2~3모작 인생의 필요성이 나타나고 있다.

◎ 노인실태조사(보건복지가족부: 60세 이상 15,000명 대상) 설문 결과
  - 노인의 적정연령: 70~74세 51%, 75~79세 10%, 65~69세 24%.
  - 노후에 가장 하고 싶은 일: '근로활동' 37%
  – 자녀와 함께 살 필요가 없다: 71%
  – 연장자 대접은 좋지만 노인 취급 받기는 싫다: 42%

2
우리나라의
조노증(早老症) 현상

"내가 경기장에서 달리고 있을 때 결승점이
가까워졌다고 해서 속도를 늦추어야 하는가?
오히려 속력을 좀 더 내야 하지 않는가?"

(디오게네스)

우리나라 사회의 병폐 중의 하나가 너무 일찍이 늙었다고 생각하는 것이다. 수명은 늘어났지만 모두 '성숙하게' 늙는 것은 아니다. 60세도 안 되어, 늙은이 행세를 한다. 이를 조(早)에 늙을 노(老), 즉 조노증이 심하다는 점이다. 이런 사람들을 겉늙은이라 부른다.

누구든 마음 가는 대로 거침없이 행동하고 자기주장만 옳다고 큰소리치면 꼰대라고 손가락질 받기 십상이다. 이들은 '꼰대의 6하원칙'(Who: 내가 누군지 알아, What: 뭘 안다고, Where: 어딜 감히, When: 왕년에, How: 어떻게, Why: 내가 그걸 왜)에 따라 행동한다. 당사자 자신은 물론이고 사회적으로도 이만저만 손실이 아니다.

3
우리나라의 준비 안 된 인생 말기

"그대의 꿈이 실현되지 않았다고 해서 가엾게 생각해서는 안 된다.
정말 가엾은 것은 한 번도 꿈꿔 보지 않은 사람이다."

(에센바흐)

우리나라 노인 세대의 특징은 빈곤, 질병, 외로움, 자살이다. 노인 빈곤율이 63.3%로, OECD 회원국 가운데 가장 높은 세계 최악의 노인 빈곤국군에 속해 있다. 그 어려움은 매년 더 악화되고 있고, 특히 고령층에 집중되고 있다. 장수 시대와 더불어 노후파산 시대에 접어들고 있다. '노후파산'은 의식주 모든 면에서 자립 능력을 상실한 노인의 비참한 삶을 일컫는다. 노년의 의식주에서 의(衣)는 의료비의 의(醫)를 의미한다. 고령화로 인해 사망 직전에 지출하는 '사망 관련 의료비'가 평생 의료비의 20~30%를 차지할 만큼 늘어난다.

이제 노인의 경제 문제는 현실적인 문제가 되었다. 지극히 평범한 샐러리맨으로 30~40년간 고생고생하면서 생활했지만, 늘어난 수명과 질병, 자녀 양육비 등으로 인한 지출이 증가하면서 '노후파산'에 이르게 되는 경우가 있다.

통계청 자료에 의하면 우리나라 80세 이상의 노인이 146만 명에 이르는데 이 중 노후준비가 잘 된 노인은 8.8%에 불과하다고 한다. 기초연금을 받아 겨우겨우 살아가는 노인들도 440만 명을 웃돈다. 이는 우리나라 노인들의 노년의 준비가 부족하기 때문이다. 밥 한 끼를 해결하기 위해 무료급식소까지 1시간을 넘게 찾아가는 사람들은 '하루 먼저 죽는 것보다 돈 없이 하루를 더 사는 것이 두렵다.'고 한다.

노인 빈곤율이 높아, 65세 이후에도 일할 수밖에 없는 상황이다. 특히 노인 일자리는 임시직 등 비정규직이나 자영업 중심으로 고용이 불안정하여 열악한 경우가 많다. 고령임에도 불구하고 막장의 생업 현장에서 고생하고 있는 노인들이 많다.

나이를 먹고 허드렛일이라도 할 수 있으면 다행이다. 생계의 벼랑에 몰려 내가 벌어야 입에 풀칠이라도 할 수 있다는 길거리의 할아버지들이 늘어나고 있다. 거리가 노인의 일터로 바뀌고 있는 것이다. 길거리에서 박스를 주워, 바리바리 싸 들고 다니는 노인들의 어두운 그림자는 이미 익숙한 풍경이다. 폐지를 주워 하루하루 살아가는 노인이 160만 명이라고 한다. 이들의 하루 수입은 파지 1kg에 70원으로 계산해서 5천 원 수준이다. 물론 비나 눈이 오는 날이면 공치는 날이다.

4
일본의 0.8 곱하기
나이 계산법

🌿

"인생이 엉망인 사람은 없다. 생각이 엉망인 사람만 있을 뿐이다."

(작자 미상)

일본에서는 건강수명의 연장에 맞춰 '0.8 곱하기 나이 계산법'이 있다. 현재의 나이에 0.8을 곱하면 그동안 우리에게 익숙한 인생의 나이가 된다는 것이다. 예를 들어 현재 60세인 사람은 과거의 48세인 사람과 비슷하다는 것이다.

5
일본의 사라지는
정년제도

일본 노동자들은 1986년 정년 60세 시대를 맞았고, 2013년부터 정년을 65세로 연장했다. 2021년 4월부터 70세 정년을 위해 재고용, 정년연장, 정년폐지, 프리랜서계약, 사회공헌활동 지원 등 하나를 통해 고령자 고용에 기업이 노력할 것을 의무화하는 '고연령자고용안정법'을 개정하여 시행하였다. 아예 정년제도를 폐지한 기업도 있다. 점차 정년 소멸을 향해 나가고 있는 것이다.

일본 정부는 70세 정년을 권장하지만 앞으로는 의무가 될 가능성이 크다. 고령자의 연금, 의료, 요양 등 사회보장비 지출을 어떻게든 줄여야 하기 때문이다. 2020년 사회보장비는 약 35조 엔(약 350조 원)으로 정부 예산의 3분의 1을 차지한다.

6
일본은 65~69세 남성 두 명 중에 한 명은 '현역'

"자신의 가치는 다른 어떤 누군가가 아닌,

바로 자신이 정하는 것이다."

(엘리노어 루스벨트)

일본은 고령화 과정에서 65세를 넘긴 뒤에도 현역으로 활동하는 사람이 크게 늘어나는 현상이 뚜렷하다. 65~69세 인구 중에 근로소득이 있는 사람이 770만 명이다. 그 나이 남성 절반 이상(53%)이 현역이다. 일본의 노인들은 두 명 중 한 명 이상이 일을 하면서 생활하는 것이다.

노동시장 전체를 보면 일해서 돈을 버는 15세 이상 일본인 10

명 중에 1명(11.9%)은 65세 이상 노인이다. 노인이 일본 경제에서 없으면 안 되는 자리를 잡았다는 것이다. 일본 노인들은 NPO에도 적극 참여해 봉사와 여가 활동을 즐긴다. 60대 이상 종사자가 있는 시민단체가 전체의 55.7%나 될 정도다. 일본 노인들이 다시 사회로 나오게 된 배경에는 건강과 재력의 뒷받침이 존재하고 있다.

7
욜드(Young Old) 세대

🌿

"살아 있어 좋았어,

살아 있기만 해도 좋은 것이니,

약해지지 마."

(시바다 도요)

75세까지는 욜드(Young Old)라고 불리는 21세기형 노인세대
가 등장하고 있다. 평균수명이 늘어나고 있는 요즘, 중년 이후의
삶을 사는 인구가 더 이상 나약한 노인이 아니라는 의미에서 선
진국에서는 대체로 노인의 기준을 75세로 보고, 75세까지 현역
으로 뛰어야 한다는 주장이 있다. 그들은 65세에서 75세까지를

'Young Old' 또는 Active Retirement(활동적 은퇴기)라고 부른다.

미국과 일본에서는 '75세에 병이나 허약체질, 소위 노인병으로 일상생활을 할 수 없는 사람은 5% 미만'이라고 한다. 이는 우리나라도 크게 다르지 않다. 비록 은퇴는 했지만, 오늘날의 노인들은 무엇보다도 건강하고 풍부한 경험의 소유자들이다. 아직도 사회 활동을 하기에 충분한 연령이다.

미국 시카고대학의 심리학 교수인 버니스 뉴가튼(Bernice Neugarten)은 55세 정년을 기점으로 75세까지를 욜드(Young Old)로 구분한다. 그의 구분에 따르면 75세까지의 욜드 세대는 아직 노인이 아니다. 젊고 건강한 신중년 또는 젊은 고령자쯤으로 해석하는 게 좋을 듯하다. 욜드 세대의 특징은 다음과 같다.

① 과거의 같은 세대에 비해 훨씬 젊다는 점이다. 요즘과 같은 고령화 시대의 55세 이상은 인생의 정점을 조금 지난 나이에 불과하다는 것이다. 이제는 노년을 즐길 수 있는 부지런하고 왕성한 '신노인' 세대를 말하는 것이다.

② 무엇보다도 건강하다는 것이다. 남의 돌봄이 필요 없는 건강한 연장자라는 의미다. 그래서 보호해야 할 대상으로 생

각해서는 안 된다는 것이다. 이들은 외모나 건강관리 등에 관심이 많아 자신에 대한 투자를 아끼지 않는다. 적극적으로 소비하고 문화 활동을 즐긴다는 점에서 기존 실버세대(55세 이상)와 차이가 있다. 욜드가 되면, 웰에이징(well aging)은 저절로 따라온다.

③ 풍부한 경험의 소유자들이고, 돈과 시간이 넉넉해서 이 사회의 가장 큰 자산이다. 과거와 다른 모습으로 새로운 노인 문화를 만들어내고 있다. 나이가 들어감에 따라 수동적으로 늙어가던 노인들의 문화가, 경제력 있는 노인의 증가와 여가 생활에 대한 인식 변화, 스스로의 삶을 책임지려는 자세 등으로 인해 달라지고 있는 것이다.

8
70대면 중년이라는
UN의 기준

۞

"삶을 사랑하라. 그러면 삶도 당신을 사랑해주리라."

(아르투르 루빈스타인)

오늘날의 노인은 과거의 노인들과는 다르다. 과거의 같은 세대에 비해 훨씬 젊다는 점에서 그렇다. UN에서는 전 세계 인류의 체질과 평균수명을 측정하고, 사람의 평생연령을 5단계로 구분하는 새로운 연령 분류의 표준규정을 발표(2016년)했다.

① 미성년자(Underage): 0세~17세

② 청년(Youth/Young People): 18세~65세

③ 중년(Middle-Aged): 66세~79세

④ 노년(Elderly/Senior): 80세~99세

⑤ 장수노인(Long-Lived elderly): 100세 이후

UN의 새로운 기준을 적용하면, 70대는 중년이라고 한다. 지하철 무임승차 혜택을 받는 나이가 청년으로 분류되고 있으니, 노인행세도 할 수 없게 되었다.

우리나라에서도 회갑 잔치는 진작 사라졌고, 칠순 잔치도 사라지고 있다. 인생 70세도 옛말이고, 인생 100세 시대가 온 것만은 분명해 보인다. 인생 100년을 사계절로 비유하는 경우도 있다. 25세까지가 '봄', 50세까지가 '여름', 75세까지가 '가을', 100세까지가 '겨울'이라는 것이다. 70세 노인은 단풍이 가장 아름다운 만추쯤 되는 것이고, 80세 노인은 이제 막 초겨울에 접어든 셈이 되는 것이다.

일흔, 여든 살의 사람도 아직 인생의 말년이 아니다. 인생을 풍요롭게 만들고 싶다면, 인생의 정점을 50~60세로 볼 것이 아니라 좀 더 늦추어 70~80세로 생각해야 한다. 이에 따라 세대별 인생주기도 달라지고 있다.

우리의 할아버지: 유·소아기 – 중년기 – 노년기(50세)

우리의 아버지: 유·소아기 – 청소년기 – 중년기 – 노년기(60세)

우리 세대: 유·소아기 – 청소년기 – 청년기 – 중년기 – 노년기(70세)

아들 세대: 유·소아기 – 청소년기 – 청년기 – 중년기 – 노년기(80세)

9
고령화의
긍정적 효과

❧

"집안에 노인이 없거든 빌려라"

(그리스 격언)

   '100세 시대'라고 하지만, 통계청의 연령별 생존확률(2020년 6월 말 기준) 자료에 의하면 80세 이상은 102,370명(생존확률 30%), 90세 이상은 16,019명(생존확률 5%) 이다. 90세가 되면 100명 중에서 95명은 저세상으로 가시고 5명만 생존한다는 것이고, 80세가 되면 100명 중에서 70명은 저세상으로 가시고 30명만 생존한다는 결론이다. 이 세상에 와서 불과 100년도 내 맘대로 어쩌지 못하는 우리네 인생이다. 몇백 년을 사는 것도 아니고, 잠시 살다 가는 인생이다. 80세까지 사는 것도 대단한 행운이요, 축복이다.

사람이 태어날 때는 순서가 있지만, 세상 떠날 때는 순서가 없다. 그 순서는 하늘만이 알고 있다. 죽지 않으면 누구나가 맞이하게 될 노년이지만, 누구나 노년을 맞이할 수 있는 것이 아니다. 어떤 사람은 소년 시절에 요절했고, 어떤 사람은 청년 시절에 일찍 갔고, 어떤 사람은 황당한 사고로 비명에 가고, 수백만이 질병으로 세상을 등졌다. 어떤 사람들은 60년을 살고, 또 어떤 사람들은 70년이나 80년 동안 산다. 더러는 짧게 살다가, 더러는 조금 길게 살다 떠나간다.

노년기 이전에 세상을 떠난 사람은 결코 노년을 맛볼 수 없다. 일정한 연령대까지는 살아남아야 노년을 맞고 노인이 될 수 있다. 그러니 노년 그 자체로 선물이며, 노인은 존재 자체로 귀한 사람들이다. 하늘이 준 운세를 누리며 무사하게 살아왔으니 이는 행운이다. 이제까지 살아온 삶을 뽐내고 자랑스러워하면서 당당하게 살아야 한다.

사연 없는 사람 없고, 아픔 없는 사람 없다. 모두 살아 있기에 경험할 수 있고, 아직도 살아 있는 것이 성공이다. 어떠한 지식도 그 사람의 경험을 넘어서지 못한다. 자신이 읽은 것에서는 10%

를, 들은 것에서는 15%를 배우지만, 경험을 통해서는 80%를 배운다고 한다. 경험은 지혜가 된다. 노인은 평생토록 쌓은 경험이 있고 노인의 지혜가 있기 마련이다. 경험은 결코 늙지 않는다.

가장 오래 산 사람은 나이가 많은 사람이 아니고, 많은 경험을 한 사람이다. 노년의 주름살 속에 풍겨나는 인자함은 갑자기 생기는 것이 아니다. 이를 위해서는 다양한 경험, 체험과 인고의 시간을 필요로 한다. 오랜 경험이 쌓이고 그 경험들에서 인생의 내공이 무르익어 가는 것이다. 노인이 되어야 쭈글쭈글하고 주름진 그 피부 뒤에 감춰진, 인격을 갖추게 된다는 것이다. 그 경험과 지혜를 보람 있게 활용치 못하고 허송세월을 보낸다는 것이 안타까운 일이다. 가는 세월을 잡지 못하고, 있는 시간도 제대로 못 쓰는 것이다.

노인이 쓰러지는 것은 도서관 하나가 불타 없어지는 것과 같다고도 한다. 노마지지(老馬之智)라는 고사성어는 '전쟁 중에 길을 잃었을 때 속도가 빠른 젊은 말을 푸는 게 아니라, 늙은 말을 풀어 지름길을 안다'는 뜻으로 늙은 말의 지혜를 의미한다. '늙은 말은 길을 잃지 않는다'는 몽골 속담도 있다. 이처럼 나이 들면서 터득한 삶의 경험과 경륜에서 얻어지는 지혜에서 깨우치는 통찰력과 직관력은 날이 갈수록 늘어난다.

미국 국립과학원 회보에 '연장자들이 젊은이들보다 더 지혜롭다'는 미시간대학 연구진의 논문자료가 소개되었다. 연장자들이 젊은이들에 비해서 새로운 것의 학습은 느려도, 축적된 지혜를 활용하는 데는 더 현명하다는 것이다. 이는 의학적으로도 나이가 들면서 문제해결과 판단기능을 하는 대뇌 앞부분의 전두엽을 더 많이 쓰고 있다는 뇌영상 연구결과와 일맥상통하는 것이다.

제2장

인생의
새로운 시험

I

짧지 않은
노년의 세월

"나는 살고 있다. 그러나 나의 목숨의 길이는 모른다."

(독일 민요)

지금 당장 먹고사는 걱정 없고, 친구들도 있고, 큰 걱정거리가 없으니, 이만하면 되겠지 하는 안일한 생각에 빠져, 지금 자신이 어디에 있으며 어디로 가는지도 모른 채 그럭저럭 하루하루를 보내고 있을 수 있다. 하루하루를 무의미한 세월 죽이기로 허송하면서, 따스한 아랫목을 지키고 있어서는 끝장이다. 이런 모습은 마치 프랑스의 삶은 개구리 요리 과정에서 개구리를 약한 불에서 아주 느린 속도로 서서히 가열하기 때문에 개구리가 삶아지고 있다는 것도 모른 채 기분 좋게 잠을 자면서 죽어가는 모습과도 같다.

편하다고 주저앉지 말아야 한다. 더는 참을 수 없는 지경에 이르러서야 정신 차리려 하면, 이미 때는 늦었고 허둥대기만 할 뿐이다. 60~80살이라도 다 살았다고 말할 수 없다. 지금까지 한평생 걸어왔지만, 앞으로 더 멀리 가야 할 길이 있다.

흐르는 물은 다시 돌아오지 않고 떠도는 구름은 다시 볼 수 없다. 흐르는 물과 지나쳐 버린 구름이 늘 그 자리에 있지 않듯이 세월의 흐름이 잠깐인 삶의 모든 것을 바꿔 놓고 있다. 세월은 우리 인생을 데리고 뒤도 안 돌아보고 그저 앞만 보며 고장 없이 급히 가 버린다. 손에 모래를 한가득 움켜잡지만 금세 손 틈으로 새어버리는 것처럼 시간은 자꾸만 빠져나간다. 이 시간은 머물게 할 수도 없으며, 지금도 끊임없이 흘러가고 있다.

나이는 세월과 함께 달려가고, 뜻은 세월과 더불어 사라져 가는 것이다. 그래서 노년에게 세월은 서럽고 잔혹한 것이다. 그런데도 대부분의 노인들은 나이가 들어가면서 이미 지나간 젊음을 아쉬워하기만 한다. '옛날에는 내가~ 자리에 있었는데'처럼 과거의 영광을 떠올리며 노인의 넋두리를 하면서 과거에 묶여 있으면 현실 적응력은 떨어져만 간다.

곧 닥칠 추운 날에 무슨 일이 생길지는 자신도 예측하지 못한다. 세월이 더 흐른다고 상황이 나아지지는 않을 것이다. 아니, 오히려 수입은 줄어들고 건강은 나빠지고 외로움은 깊어갈 것이다. 배우자와 친구들이 세상을 떠나서 외로울지라도, 혼자서라도 아직 가지 않은 길이 남아 있다. 앞으로 살아갈 날이 중요하다.

나이가 든다는 것은 '나이'라는 권력이 생기는 것이 아니다. 나이를 노력해서 얻은 것이 아니라면, 나이 먹은 것을 내세우는 것은 주위 사람에게 응석을 부리는 것에 불과하다. 이는 관심이나 동정을 받게 하기는커녕 주책으로 보인다.

2
세월은
채워가는 것

🌿

"하루하루를 어떻게 보내는가에 따라 인생이 결정된다."

(애니 딜러드)

세월은 쉼 없이 흐른다. 세월이 흘러간다고 하면 뭔가 아쉽고, 원망스럽고, 후회스럽고, 마음이 쓸쓸한 느낌이 든다. 하지만 세월이 흘러가는 것이 아니라 오는 세월을 채워간다고 하면 희망적이고, 의욕적이고, 뭔가를 이루어 내야지 하는 열정적인 마음이 생긴다. 하루하루를 세월에 맡긴 상태로 지내는 것이 아니라, 내가 가진 무언가로 채워가는 것이다.

인생은 한 바늘 한 바늘씩 꿰매는 바느질과 같다. 하루는 작은 인생이다. 좋았거나 힘들었던 시절, 행복했거나 아팠던 추억, 즐거웠거나 안타까웠던 그 순간에 우리의 모든 생활이 있다. 작은 물방울이 모여서 큰 항아리에 물을 채우듯이, 하루가 모여 일생이 된다. 100세 시대라 해서 100년을 산다 하더라도 한꺼번에 100년을 사는 것은 아니다. 하루가 30번 모여 한 달이 되고, 365번 모여 일 년이 된다. 100년도 하루하루의 여정이 모여서 쌓이는 것이다. 그러므로 오늘 하루를 삶의 전부로 느끼며 살아야 한다.

누구에게나 똑같이 공평하게 주어진 하루 24시간이지만, 그 하루를 어떻게 보내느냐는 자신에게 달려있다. 시간은 사람이 쓸 수 있는 가장 값진 것이다. 사람은 시간을 쓰는 존재이고, 시간은 쓰는 사람의 몫이다. 시간이 많아도 쓸 줄 모르면 무용지물이다. 시간을 유용하게 쓸 줄 아는 사람은 인생을 지배할 줄 아는 사람이다.

인생이 길 것 같아도 결코 긴 것도 아니다. 앞으로 남은 세월도 그렇게 많이 남아 있지 않다. 시간처럼 귀중한 것은 없다. 시간을 낭비하는 것은 일종의 자살행위와도 같다. '쇠털같이 하고 많은 날' 등의 표현은 귀중한 시간에 대한 모독이고, 망언이다. '시간은 금이다.'라고 하지만 노년의 시간은 돈보다 귀하다. 남아 있는 시간은 여가가 아니고 금쪽같은 생명이다. 하루가 즐거우면, 평생이 즐겁다.

3
노년의 시간은
급행열차와 같다

"순간을 미루면 인생마저 미루게 된다."

(마틴 베레가드)

중국 고전에서 인생은 백마가 달리는 것을 문틈으로 내다보는 것처럼 삽시간에 지나간다고 한다. 화살처럼 달리는 백마를 문틈으로 얼핏 본 것처럼 인생이 정말 빠르다는 뜻이다. 황혼으로 접어들면서 이제 조금은 인생이 뭔지 알 만하니, 모든 것이 너무 빨리 지나간다. 60대는 60km, 70대는 70km, 80대는 80km로 달려간다. 앞으로 남은 시간은 더 빨리 지나갈 것이다. 이를 거절할 수 없고, 멈추게 할 수도 없다.

젊은 시절의 세월은 한없이 느리게 가지만, 인생의 반환점을 돌고 나서는 세월이 너무 빨라 마치 인생의 급행열차를 타는 듯하다. 엉금엉금 기어서 시작한 인생 열차는 나이가 들수록 빨리만 달려간다. 60대는 해(年)마다 늙고, 70대는 달(月)마다 늙고, 80대는 날(日)마다 늙고, 90대는 시간(時)마다 늙고, 100세가 넘어서는 분(分)마다 늙는다고 한다.

나이는 태어나서 지낸 햇수의 단위를 말하며, 햇수는 결국 숫자일 뿐이다. 100세 시대에 나이가 한계일 수는 없다. 중요한 것은 길이가 아니라 바로 그 값어치다. 인생을 마라톤 경주에 비유하면, 인생 100세 시대에서 50~60대이면 인생 마라톤에서 막 반환점을 돈 지점일 것이다. 이제까지 달려온 거리만큼을 더 가야 하는 지점이다. 그렇기에 80대의 시간이 20대와 마찬가지로 소중한 것이다. 문제는 늙기는 쉬워도 나이에 어울리는 말과 행동을 하는 것은 어렵다는 점이다.

높다고 해서 반드시 명산이 아니듯, 나이가 많다고 해서 반드시 품위 있게 노년을 보내는 것이 아니다. 연장자를 배려했던 장유유서(長幼有序)가 사람이 지켜야 하는 오륜(五倫) 중 하나의 덕목이었던 조선 시대만 해도 나이는 일종의 권력이자 특혜였다. 하지만 농경사회와 달리 빠른 속도로 발전하는 첨단 기술 사회에서 젊은이들에게 노인의 낡은 지식은 그다지 쓸모가 없는 것처럼 보일지도 모른다. 노인에 대한 거부감, 귀찮음으로 노인을 멀리하려는 경향이 있다. 사회 주체 세력이 젊은 세대로 옮겨 가면서 노인의 설 자리도 잃어가고 있다.

나이를 먹으면서, 벼슬도 자격도 아닌 인생 계급장을 이마에 붙이고 막무가내 행동을 하다 보면, 그저 탐욕스러운 늙은이가 되어버린다. 얼마를 살았는지가 중요한 게 아니라 얼마만큼 나이 값을 하며 올바르게 살고 곱게 늙어 가고 있느냐가 중요하다. 남겨진 시간을 어떤 마음가짐으로 어떻게 이용할 것인가가 중요한 것이다.

세월을 정리하는 것보다는 다가오는 세월을 관리하는 것이 소중하다. 노년의 인생은 '지금까지'가 아니라 '지금부터'다. 과거는 아무리 좋은 것이라 해도 다시 돌아오지 않는 이미 흘러간 강물과도 같을뿐더러, 그것이 아무리 최악의 것이었다 해도 지금은 어쩌지 못한다. 미래는 자신의 과거에 의해서 결정되는 것이 아니라 지금 현재에 의해 좌지우지된다는 사실이다.

4
늙은 남자의
비참한 말년

❧

"태양은 당신이 없어도 뜨고 진다."

(유태인 속담)

생식과 사냥의 임무가 끝난 늙은 수컷은 가족에 짐이 된다는 것이 만고불변의 원칙이다. 동물의 세계와 인간의 세계가 별반 다르지 않다. 동물사회에서 늙은 수컷의 말년은 비참하다. 아프리카 사자 무리의 습성을 보면, 평생 동안 적으로부터 무리를 보호하던 수사자는 사냥할 힘을 잃으면, 젊은 수컷에게 자리를 내주고 쫓겨나, 죽음의 여행을 떠나 혼자서 광야를 헤매다 굶어 죽는 것이 관례다. 사냥이 어려워진 늙은 수사자는 이런 방식으로 가차 없이 도태된다. 천수를 다한 늙은 수고양이도 죽을 때면, 홀연히 아무도 못 찾는 곳에서 생을 마감한다. 이렇게 생태계는 비정하다.

아메리카 대륙 원주민의 경우 노인들에게 고된 일을 시켜 진이 빠져 죽도록 했고, 북극해 일대 에스키모들은 늙어서 스스로 먹을 것을 구하지 못하면, 목 졸라 죽이거나, 무리가 다른 곳으로 이주하면서 남겨두어 죽게 하였다고 한다. 지금의 카스피해 연안에 살던 고대 카스피족은 사람이 70세가 넘으면 모조리 굶겨 죽였다고 한다.

동양에서도 여진족은 혼자 운신 못 하는 노부모를 자루에 넣은 뒤 나뭇가지에 매달아 놓고 활을 쏘아, 한 발로 죽게 하면 효자라는 칭송까지 들었다고 한다. 일본에서는 에도시대에 우바스테야마(姥捨山)라고 해서 늙고 병든 사람을 지게에 지고 산에 가서 버렸다는 풍속이 세간에 알려져 있다. 우리나라에서도 고려 시대에 나이 든 부모를 다른 곳에 버려두고 오던 고려장 풍습이 전해지고 있다.(이는 일제의 역사 왜곡이라고도 한다)

식량, 땔감 등이 넉넉지 못했던 고대사회에서 노인 봉양은 사치이고, 한정된 자원을 생산성이 높은 젊은이들에게 쓰는 것이 집단 전체로 볼 때 훨씬 이롭다고 생각해서 이러한 풍속이 만연했던 것 같다.

세계 4대 문명의 발상지인 인도의 힌두교에서는 사람의 일생을 4단계로 설명한다. 태어나서 25세까지는 학습기(學習期)로 공부하는 시기를 말한다. 26세에서 50세까지는 가주기(家住期)로 결혼해서 가정을 이루고 자식도 키우고 사회적 의무를 행하는 시기이다. 50세에서 75세까지는 임서기(林棲期: 은퇴 후 명상, 수행, 고행하는 시기)로 자식도 키워놓고 사회적 역할도 했으니 이제부터 자신의 영혼을 구제하기 위해 집을 떠나서 숲속에서 혼자 살라는 그들만의 규율이자 지침이 있다. 그래서 그들은 동네 뒷산의 원두막 같은 데서 혼자 거지같이 살거나 아니면 지팡이를 짚고 떠돌이 생활을 한다. 76세부터는 유랑기로 접어든다. 거지처럼 여기저기 유랑하다가 길에서 죽는 시기를 말한다. 그러다가 바라나시에 도착해서 장작으로 화장하여 뼛가루를 갠지스강에 뿌리는 것이 소원이다.

모든 집착에서 벗어나는 무소유의 체험을 위하여 빌어먹는 거지 생활을 반드시 해야 한다는 것이 힌두교의 가르침이다. 이는 자기를 되돌아보는 수행을 하라는 종교적 의미도 있지만, 생식과 사냥의 임무가 끝난 늙은 남자는 가정에 짐이 된다는 현실적 의미도 내포되어 있다고 생각한다.

5
노인과 어르신의
차이

"사람이 아름답게 죽는다는 것은 여간 어려운 일이 아니다.
그러나 그보다 더 어려운 것은 아름답게 늙어가는 일이다."

(앙드레 지드)

노인이 많으면 사회가 병약해지지만 어르신이 많으면 사회가
윤택해지고 성숙해진다. 시간이 흐를수록 부패하는 음식이 있고
발효하는 음식이 있듯이 사람도 나이가 들수록 노인이 되는 사
람과 어르신이 되는 사람이 있다. 어르신은 나이를 먹을수록 성
숙해지는 사람이다. 나이 값하는 어르신이 존경받는다.

장수를 한다 해도 나이 값을 못 하는 소인배로 살면 불행하다.

언제부터인가 우리 사회에는 어르신이 귀해졌다. 문제는 나이 값이다. 나이 값을 제대로 하는 사람들이 적은 이유는 그에 합당한 연습과 준비가 되어 있지 못한 탓이다. 나이가 들면 저절로 어른이 되는 줄 알았는데, 나이가 들면 들수록 더 많이 공부해야 하고, 더 많이 이해해야 하고, 진정한 어르신이 되기 위해 더욱 애써야 한다.

노인은 나이가 많아 늙은 사람이고, 어르신은 존경받는 사람이다. 노인은 몸과 마음이 세월 가면 자연히 늙는다고 생각하는 사람이고, 어르신은 자신을 가꾸고 스스로 노력하는 사람이다. 노인은 겉모습이 늙어가는 것을 슬퍼하지만, 어르신은 속마음이 충만해지는 것을 즐거워한다.

노인은 자기 생각과 고집을 버리지 못하는 사람이고, 어르신은 상대에게 이해와 아량을 베풀 줄 아는 사람이다. 노인은 상대를 자신의 기준에 맞춰 부정적으로 평가하는 사람이고, 어르신은 좋은 덕담을 해주고, 긍정적으로 이해해 주는 사람이다. 노인은 상대에게 간섭하고, 잘난 체하고, 지배하려는 사람이고, 어르신은 스스로 절제할 줄 알고, 알아도 모른 척 겸손하며, 느긋하게 생활하는 사람이다.

노인은 고독하고 외로움을 많이 타는 사람이고. 어르신은 주변에 좋은 친구를 두고 활발한 모습을 유지하는 사람이다. 노인은 이제 배울 것이 없어 자기가 최고인 양 생각하는 사람이고, 어르신은 언제나 어린 사람에게도 배워야 한다고 생각하는 사람이다. 노인은 받기만 하는 공짜를 좋아하는 사람이고, 어르신은 그 대가를 반드시 지불해야 한다고 생각하며 베풀기를 좋아하는 사람이다. 노인은 게으른 자의 이름이고, 어르신은 부지런한 자의 애칭이다.

나이를 먹으면서 등급이 있다. 군자와 같은 삶을 살며 나이 값을 하는 어르신 등급에 해당하는 노선(老仙), 노학(老鶴), 노동(老童)의 등급이 있는가 하면, 보통 사람들인 노옹(老翁)이 있고, 나이 값을 못 하며 소인배 생활을 하는 부정적인 이미지가 있는 노광(老狂), 노고(老孤), 노궁(老窮), 노추(老醜)가 있다. 이를 벗어나기 위해 바람직한 노년의 모습을 간직하고, 끊임없이 그에 도달하기 위해 노력하는 가운데 진정한 어르신이 된다. 그래야 멋진 아버지, 할아버지가 될 수 있는 것이다.

노선(老仙): 늙어가면서 신선처럼 사는 사람이다. 이들은 성냄도 탐욕도 벗어 버렸다. 삶에 아무런 걸림이 없다. 무심히 자연 따라 살아가는 것이다.

노학(老鶴): 늙어서 학처럼 사는 사람이다. 이들은 심신이 건강하고, 여유가 있어 나라 안팎을 수시로 돌아다니며. 산천경개를 유람한다. 많은 벗들과 어울려 노닐며 베풀 줄 안다.

노동(老童): 늙어서 동심으로 돌아가 청소년처럼 사는 사람이다. 이들은 한문이며 서예며 정치 경제 상식이며 컴퓨터를 열심히 배운다. 시대의 첨단은 아니지만, 메일을 보내고 핸드폰 자판을 누르며 카톡 문자를 날린다.

노옹(老翁): 문자 그대로 노인으로 사는 사람이다. 집에서 손주들이나 봐주고, 텅 빈 집이나 지켜준다. 형편만 되면, 따로 나와 살아야지 하는 생각이 늘 머릿속에 맴돈다.

노광(老狂): 미친 사람처럼 사는 노인이다. 함량 미달에 능력은 부족하고 주변에 존경도 못 받는 처지에, 감투 욕심은 많아서 온갖 장을 도맡아 한다. 돈이 생기는 곳이라면, 체면 불사하고 파리처럼 달라붙고, 권력의 끈이라도 잡아 보려고 늙은 몸을 이끌고 끊임없이 여기저기 기웃거린다.

노고(老孤): 늙어가면서 외로운 삶을 보내는 사람이다.

노궁(老窮): 늘어서 수중에 돈 한푼 없는 사람이다. 아침 한술 뜨고 나면, 집을 나와서 점심은 무료 급식소에서 해결한다. 자신의 말로가 이렇게 될 줄은 전혀 몰랐을 것이다.

노추(老醜): 늘어서 추한 모습으로 사는 사람이다. 빈곤하고, 어쩌다 불치의 병에 걸려 다른 사람 도움 없이는 한시도 살 수 없으며 못 죽어 생존하는 가련한 노인이다.

우리 모두 어르신이 되도록 합시다.

6
95세 어른의
수기

꒜

"무엇이 되고 싶다고 끊임없이 생각하라.

그러면 당신은 나중에 그 무엇이 되어 있을 것이다."

(사르트르)

우리는 태어나서, 학교에 가고, 직장을 다니며 밥벌이하고, 결
혼해서 자녀를 낳고, 가정 속에서 안주하는 모습이 삶의 일상이
다. 생각할 틈도 없이 여유를 간직할 틈도 없이 넘어지고 다치고
정신없이 달려왔다. 앞으로 10~30년을 더 살지 모른다. 인생의
성공이 후회하지 않는 삶이라고 한다면, 30년 후에 아무것도 시
작하지 않은 것을 후회하지 않도록 해야 한다. 자신과는 절대 상

관이 없는 이야기라고 믿고 싶겠지만, 그것은 희망 사항일 뿐 결코 남의 이야기가 아니다. 두고 보면 안다.

은퇴 후 '이제 다 살았다. 남은 인생은 그냥 덤이다. 참으로 아쉬움이 많은 세월이었지만 용케도 잘 살아남았다.'라는 생각으로 그저 고통 없이 죽기만을 기다리면서 창살 없는 감옥에서 의미 없는 삶을 연명하며, 희망 없는 하루하루를 보내고 있다. 덧없고 희망이 없는 삶을 무려 수십 년을 보내고 있다. 절망과 무기력의 틀속에 자신을 가두고 있는 그 감옥의 사슬은 스스로 만들어내는 것이다. 그 감옥 안에서 갖가지 변명거리를 만들어내며 뒷걸음친다. 그 사슬에 매여 결코 주눅이 들어서는 안 된다. 그 감옥의 사슬에서 벗어날 수 있는 비밀번호는 자신만 알고 있다.

"아무리 나이를 먹었다 해도 배울 수 있을 만큼은 충분히 젊다."

(아이스큐로스)

'95세 어른의 수기'는 호서대 설립자이자 명예총장 경력의 故강석규 박사(103세 별세)께서 65세 은퇴 후, 95세가 되던 해까지 '남은 인생은 덤이다'라며 허송했던 30년에 대한 후회를 털어놓고, 95세에 다시 공부를 시작하고 마지막까지 자신이 살아온 삶에 대한 후회와 자성을 통해 후세에 '포기와 후회 없는 삶'이란 가르

침을 남기신 내용이다. 65세 은퇴 후에 이제까지 살아온 삶은 인생의 '부록(附錄)'이라고 봤지만, 95세에도 자기 삶의 '개정판(改訂版)'을 쓴다는 쪽으로 발상을 바꾸게 되었다는 메시지가 고스란히 담겨있다.

"젊었을 때 정말 열심히 일했고, 오랜 세월 살아오면서 비록 넉넉지 못하고 잘나지 못했다 해도 나름대로 실력을 인정받았고, 주변의 존경을 받으면서 만족하면서 살아왔다. 그 덕에 65세 때 당당한 은퇴를 할 수 있었다. 모진 세파에 밀려 육신은 여기저기 고장도 나고 주변의 벗들도 하나둘씩 낙엽처럼 떨어가는 인생의 문턱이지만 그래도 이제까지 힘든 세월을 잘 견디고 무거운 발길 이끌며 여기까지 그럭저럭 살아왔다. 세상의 많고 많은 일들 다 겪었으니 인간의 쓴맛 단맛 다 보았다. 남은 것은 백발에다 주름살뿐이고 이제는 인생극장의 주연 자리도 내어주고 무대는 불 꺼지고 막을 내렸다고 생각했다.

살면서 보람도 있었고 기쁨과 명성도 있었기에 후회가 없었다. 무엇인가 하고 싶고, 되고 싶고, 가지고 싶어 모두 얻으려 땀 흘려 노력하며 살아온 인생이다. 산전수전을 다 겪은 노병이 살면서 보람도 있었고 기쁨과 명성도 있었는데 어떤 후회도 없었다. 멈출 수 없는 것만 같아 숨 막히도록 바쁘게 살았는데 어느 사이에 황혼의 빛이 다가온 것이 너무나 안타까울 뿐이다. 흘러가는 세월에 휘감겨서 온몸으로 맞부딪히며 살아왔는데 벌써 끝이 보이기 시작한다. 휘몰아치는 생존의 소용돌이 속을 필사적으로 빠져나왔는데 뜨거웠던 열정도 온도가 식었다.

그런 30년 후인 95살 생일 때 엄청난 후회의 눈물을 흘렸다. 65년 동안의 생애는 자랑스럽고 떳떳했지만, 이후 30년의 삶은 부끄럽고 후회되고 비통한 삶이었다. 남은 인생은 잉여의 '덤'이라는 삶이라는 생각으로 그저 고통 없이 죽기만을 기다렸다. 이제 황혼에 자투리 시간이 좀 남았을 것이라 생각하였다, 허무하고 희망이 없는 삶을 무려 30년이나 살았다. 물론 소중히 하며 살았어도 문득 돌아보면 덧없이 보냈던 아쉬움이 남겨 있다.

지금의 95세에서 지난 30년의 세월은 3분의 1에 해당하는 기나긴 시간이었다. 만일 퇴직할 때 앞으로 30년을 더 살 수 있다고 생각했다면 정말 그렇게 살지는 않았을 것이다. 무엇인가를 시작하기엔 늦었다고 생각했던 것이 큰 잘못이었다. 돌아갈 수도 없는 그 당시의 선택이 결국 황혼의 문턱까지 다다르고 말게 된 것이다. 지금 95살이지만 정신이 또렷하다. 늙어 보니 시간의 가치를 알 수 있겠다. 지나가 버린 세월을 탓해도 소용이 없고 다가오는 세월을 관리하는 것이 소중하다.

이제 황혼에 자투리 시간 좀 남아있으니, 더 이상 후회하지 말고 가슴 아파 말도록 무엇인가 시작해야겠다. 세월이 다 가기 전에 꿈은 이루어진다는 생각으로 길을 나서고 몸부림치며 부딪혀 봐야겠다. 앞으로 10년, 20년을 더 살지 모르기 때문이다. 105번째 생일날에는 95살 때 왜 아무것도 시작하지 않았는지 후회하지 않기 위해서다."

"인생은 자전거를 타는 것과 같다.
당신이 계속 페달을 밟는 한 당신은 넘어질 염려가 없다."
(클라이드 페러)

현재 102세이신(1920년생) 김형석 연세대 철학과 명예교수께서 2019년에 100세가 되면서 강연 자리에서 자주 들려주는 이야기가 있다.

"100세까지 살아보니 인생에서 가장 행복한 시기는 60~75세였습니다. 만약 인생을 되돌릴 수 있다 해도 젊은 날로 돌아가고 싶지 않습니다. 그때는 생각이 얕았고 행복이 뭔지도 모르고 살았습니다. 지나고 보니 인생의 절정기는 철없던 청년 시기가 아니었습니다. 60대 중반에서 70대 중반까지였던 것 같습니다. 그래서 다시 돌아갈 수 있다면 60세 정도로 돌아가고 싶습니다. 가능하면 몇 살 정도 살고 싶으냐는 질문을 받는다면 정신적으로 성장할 수 있고, 다른 사람에게 도움을 줄 수 있을 때까지 사는 것이 가장 좋다고 대답하겠습니다."

2006년 환갑을 맞은 조지 W 부시 전 미국 대통령이 젊은이들에게 하였던 말이 있다. "내가 당신의 나이였을 때는 60세면 정말 늙는 줄 알았다. 하지만 60세가 그렇게 늙은 나이가 아니다." 이는 나이 들기 전까지 나이에 대해 어떤 편견을 가져왔는지 보여준다.

나의 아버지는 7년 전 95세에 돌아가셨는데 아버지가 60세 때 아들들을 불러 모아놓고 "애들아, 아버지는 할 일 다 했다. 이제부터는 하루하루 덤으로 살다가 죽을 것이니 그리 알라"고 하셨다. 그때 32살이었던 나는 "아버지! 우리 집안은 장수집안이고 이제 의학의 발달로 장수시대에 접어드니, 무언가라도 배우시거나 취미생활을 깊이 즐기셔야 할 것 같습니다."라고 했더니, "야! 이 녀석아, 언제 죽을지 모르는데 무슨 소리 하느냐" 하셨다. 하지만 돌아기시기 전에 "예, 병태야 네 말을 들을 걸 그랬다. 35년을 허송세월을 보내다 죽는구나." 하셨던 기억이 생생하다.

7

노 테크
(老 Tech)

❧

"많은 사람은 TV 앞에 앉거나 혹은 핸드폰을 만지는 것
이외에는 많은 일에 도전하지 않는다."

(트리쉬 웨그스태프)

많은 사람들이 삶의 정상에 해당하는 장년까지는 앞다투어 열심히 올라간다. 그러나 그 이후의 하산에 대해서는 계획하지 않거나 받아들일 준비가 되어 있지 않은 경우가 많다. 우리나라의 경우에 90%가 노후준비가 안 되어 있다고 한다.

흔히 재테크가 노후준비라고 생각하는 사람이 많다. 노년에 돈 걱정 안 해도 되니, 그것도 가히 틀린 말은 아니다. 하지만 제

대로 된 노년의 준비는 재테크만으로는 부족하다. 단순히 오래 사는 것보다 죽는 그 순간까지 활기찬 삶을 유지하기 위해서는 돈과 함께 미리 준비해야 할 일들이 많다. 인생 여정도 산행과 같아 삶의 정상에 오르게 되면, 노년이라는 산길을 따라 조심스럽고, 안전하게 하산해야 한다. 삶의 정상에 다다랐다가 '어떻게든 내려오겠지' 하고 안일하게 대처하는 것은 지혜로운 노후대책이 아니다.

진짜 노년의 준비는 돈만 갖고 되는 문제가 아니다. 돈만으로는 인생이 행복해질 수 없다는 것을 하루라도 빨리 깨달아야 제대로 노년을 준비할 수 있다. 적어도 아름다운 노년은 삶의 양만큼 질을 더욱 걱정해야 이룰 수 있는 과제다.

우리는 태어날 때 가진 자가 되기 위해 태어났고, 초년의 삶은 '가진 자가 되려는 준비단계'로 취업을 위해 공부를 했다. 중년은 '직업을 가지고 가진 자가 되려고 일하는' 단계며, 말년인 노년은 '가진 것을 베풀면서 인생을 정리'하는 단계다. 그러나 노년의 30~40년 동안을 어떻게 살 것인가를 위해서는 아무런 공부도 하지 않는다. 자신의 목숨 길이는 자신도 모른다. 그 시간까지 모든 날들이 귀하고 값진 것이다. 공부를 다시 시작해야 한다.

노 테크는 '가진 것을 베풀면서 인생을 정리'하는 노년의 삶을 어떻게 살 것인가를 생각하며, 하나하나 준비하는 것이다. 은퇴가 곧 인생 끝이 아니고, 은퇴 후에도 또 다른 인생이 있음을 안다면 재테크 못지않게 죽기 전 마지막 날까지 인생을 정리하면서 건강하고 삶을 즐길 수 있는 노 테크도 미리 준비해야 한다. 지금부터라도 하나하나 준비가 필요하다.

　돈이나 건강은 그런대로 대비할 수 있겠지만, 노인으로서의 마음가짐을 배우는 것이 첫 순서이다. 명품 핸드백을 들고 다니든, 비닐봉지를 들고 다니든 중요한 것은 껍데기가 아니고 알맹이기 때문에 겉모습이 아니라 마음이 중요하다. 노인의 위치를 냉정하고 객관적으로 인지하고 언제든 죽어도 괜찮다는 마음의 준비가 항상 필요하다.

제3장

노년의
예찬론

I

비슷해지는
황혼 인생

✣

"애꾸는 장님을 볼 때, 비로소 신에게 감사한다."

(쇼펜하우어)

가진 것 없는 사람이나 가진 것 많은 사람이나 늙고 병들어 죽을 때, 빈손으로 가는 것은 똑같다. 이래 사나, 저래 사나, 인생은 한 번 태어나 한 번 죽는다. 잘났다고, 부자라고, 훌륭하다고 해서 마술처럼 여러 번 태어나는 사람도, 영원히 사는 사람도 없다. 한 번 주어진 인생의 황금 같은 시간을 누가 더 가치 있고, 행복하게 살다가 눈을 감느냐만이 다를 뿐이다.

젊은 시절에는 세상 모든 것이 불공평하고, 사람마다 높은 산과 계곡처럼 차이가 나지만, 나이가 들면서 산은 낮아지고, 계곡은 높아져서, 이렇게 저렇게 빼고, 더하다 보면 마지막 계산은 이런 일 저런 일 모두가 비슷해진다. 결국에 늙어가는 모습은 똑같아지는 것이다. 잘나고 못나고가 모두 거기서 거기인 것이 삶의 끝이요, 생의 종착역이다.

나이가 들다 보면, 화려한 학벌도 퇴색되고, 화려한 경력도 퇴색된다. 40대는 지식의 평준화(학벌이 높든 낮든, 많이 알든 모르든, 좋은 학교 나왔건 안 나왔건 상관없다), 50대는 인물의 평준화(아무리 인물이 잘생겼다고 흔들고 다녀도 봐줄 사람 없다), 60대는 성의 평준화(옛날에 정력이 셌든 안 셌든 차이가 없다), 70대는 물질의 평준화(재산이 있는 사람이나 없는 사람이나 쓰는 돈은 똑같다), 80대는 건강의 평준화(건강한 사람과 약한 사람의 구별이 없이 약봉지를 싸 들고 다닌다), 90대는 생명의 평준화(죽은 사람이든 산 사람이든 큰 의미가 없다)가 이루어진다.

인생의 종착역으로 달려가는 열차에는 1등실, 2등실이 따로 없다. 죽어서 영면의 자리를 잡아 보았자, 두 발 모은 자리 겨우 사방 한 자, 발 뻗어 차지한 길이도 길게 잡아야 석 자~다섯 자를 넘지 않는다.

2
'앙코르'
인생

✿

"마음을 위대한 일로 이끄는 것은 오직 열정,
위대한 열정뿐이다."

(드니 디드로)

정년퇴직은 생전에 치르는 장례식과 다름없다. 누구나 언젠가
는 거쳐야 하는 길이다. 평생 동안 삶의 터전으로 살아온 직장을
떠나는 마음이 어찌 편할 수 있겠는가, 대부분 열심히 살았다기
보다는 그냥 주어진 틀에 짜인 직장생활 속에서 정년퇴직을 맞
게 된다. 퇴직은 곧 경제적 능력을 상실하고, 직업적 위치에서 내
려오는 것을 의미한다.

정년퇴직이라는 용어는 왠지 쓸쓸하고 허전해서, 다소 부정적인 어감을 지닌다. 마치 인생의 종착역에 다가온 것 같은 느낌을 감출 수가 없다. 어떤 것의 끝, 다시 말해 평생에 걸친 중요한 여정의 끝을 연상시킨다.

하지만 정년퇴직 후 30~40년 이상을 살게 된 지금, 최소 8~10만 시간 이상이 주어졌고, 이 시간은 무언가를 시작하고 이루기에 충분한 시간이다. 인생을 백 세까지 산다고 장담할 수 없지만 그래도 백수를 한다면, 이제 60세이면, 환갑이 지나도 아직 대략 40년이라는 긴 시간이 남아 있다.

짧은 세월이 아니다. 그 시간은 초등학교에 들어간 아이가 성장하여 대기업 임원이 될 수 있는 기간에 필적할 만하다. 무엇이든 할 수 있는 나이다. 살날이 많기에 그냥 노인 냄새를 피우며 남은 세월을 헛되이 허송세월로 보내는 것은 너무나 안타까운 일이다. 직장을 그만두었어도, 인생은 아직 끝나지 않았고, 멈추지 않고 있다. 그래서 직장에서 은퇴했다고 해서 삶에서도 은퇴해서는 안 된다.

길어진 삶에서 직장 퇴직 후의 생활은 여러 가지 다른 일거리를 통해 다양한 경력을 쌓을 수 있는 유연한 삶의 기회들도 생기는 매우 중요한 시기이다. 이전에 통용되던 약하고 무기력하며, 보호받아야 하는 '노년'의 개념은 이제 존재하지 않기 때문이다. 빈둥거리는 생활에 빠지게 되면 건강도 나빠지고 정신도 녹슨다.

이제 60~70세 정도의 나이는 인생의 새 황금기를 시작하는 출발 선상에 있다. 이야말로 꽃을 활짝 피우는 시기이고, 진정한 성취의 시기다. 노년은 비록 지나온 젊은 시절과 같이 신체적 에너지는 미치지 못하더라도, 생각보다 멋진 황금기의 열매를 맺는 기회가 될 수 있다. 또 다른 세상이 펼쳐질 수 있는 것이다.

나이가 들면 생물학적으로 노화는 있을지라도 은퇴는 없다. 직장에서 은퇴만 하면, 영원한 휴가를 즐길 수 있다는 환상에서 깨어나야 한다. 새로운 세계로 눈길을 돌리지 않고 안주하지 말자. 아직 인생 말년이 아니다. 새로운 삶의 지평선이 될 수 있다. 아직 끝이 아니고 끝인 듯 보이는 거기가 새 출발점이 된다.

영어로 은퇴를 뜻하는 '리타이어'(retire)는 '리'(re) '타이어'(tire), 다시 새 바퀴로 갈아 끼운다는 의미다. 은퇴가 곧 인생 끝이 아니고, 새로운 인생의 시작이라는 뜻이다. 은퇴 후에도 분명히 또 다른 제2의 인생은 있다. 흔히 '앙코르 인생'이라고 한다.

은퇴는 새로운 시작을 알리는 총성이다. 은퇴 없는 인생의 새로운 도전이다. 도전을 포기하는 것은 미래를 포기하는 것이다. 과감하게 도전하지 않고 현실에 안주하는 것이 더 크게 위험하다. 안전대책을 세운다는 것이 오히려 큰 위험을 초래할 수 있다는 이야기다. 그것은 세상에서 가장 위험한 것이다. 우리의 삶은 예견한 대로 순탄치 않다. '우리가 안전하게 살아갈 때 신(神)은 우리를 절벽으로 밀어뜨린다.'는 서양속담처럼 인생은 늘 위험으로 가득차 있다. 위험을 무릅쓰고 낭떠러지에서 떨어져 봐야, 내 몸에 날개가 있다는 것을 알 수 있다. 어느 누구도 만일의 사태가 발생하지 않는다는 보장을 할 수 없다.

리스크를 두려워하는 사회에서 돈보다 훨씬 큰 가치를 갖는 것이 있다. 물론 돈은 소중한 것이다. 돈이 어느 정도까지 문제를 해결해주는 것은 분명하다. 그러나 인생에는 돈으로 해결할 수 없는 문제가 훨씬 많고, 돈에 끌려다니는 시시한 인생을 살 수는 없다. 100세 시대에는 60세, 혹은 65세까지 일한 수입(저축 혹은 연금)으로 평생을 먹고살 수 없다. 앞으로 인생은 과거와 같은 교육, 취업, 은퇴의 3단계가 아니라, 직업을 바꾸는 과정을 거쳐야 한다.

예로부터 땀 흘리지 않고 살아가는 사람을 불한당(不汗黨)이라 불렀으며, 정상적인 사람들 축에 들지 못하게 하였다. '아무 것도 할 일이 없다는 것'은 죽은 송장과 같다. 끝까지 일을 손에서 놓지 말아야 한다. 무슨 일이든 만들어서라도 일을 하면서 움직여야 한다. 할 일이 없으면 주변 청소부터 시작한다. 주변을 깨끗이 하면 어둠이 들어오지 못하기 때문이다.

흔히 건강하려면 운동을 하라고 한다. 운동은 많이 움직이는 것이다. 노동은 운동이다. 육체노동을 통하여 몸과 마음의 병을 치료하는 노동요법(Work Therapy)이 있다고 한다. 이 방법은 일그러진 마음과 몸을 적절한 노동을 통하여 회복시켜 준다. 노동을 하면 우울증도 산만한 마음도 공황장애도 불면증도 사라지게 된다. 노인이 일을 하면, 사회적 접촉 증가, 신체활동량 증가로 건강에도 이로운 효과가 있고 병원에 갈 일도 적어지게 되어 의료비 지출도 줄여준다. 일하는 사람의 평균수명은 노는 사람보다 14년 길다고 한다.

영국 옥스퍼드연구소 조사에 따르면 65세가 넘는 영국인 중 건설현장에서 힘들고 고된 육체노동을 하는 인구가 8%에 달한다. 영국 노인들은 대체로 활동적인 삶을 살기를 원한다. 신체적으로 더 이상 일을 할 수 없을 거라 여겨졌던 70대 혹은 80대까지 자연스럽게 일을 한다.

영국은 2011년까지 높은 수준의 보건·복지를 통한 높은 기대

수명, 낮은 영아 사망률 현상이 유지되는 전형적인 선진국형 고령화 현상을 호되게 겪었다. 노인들에게 연금은 먹고살기에 턱없이 부족하고 '정년퇴직할 나이'라는 개념은 사라졌다. 법정정년제도도 폐지되었다. 최근에는 60대나 70대에게 느긋한 여가, 고독 그리고 은퇴 같은 단어는 금기어가 되었다. 영국의 노인들은 평생 일해야만 하는 사회가 되면서 자연히 바깥으로 나섰다. 주어진 일이라면 젊은이들이 기피하는 일이라도 마다하지 않는다. 슈퍼마켓에서는 백발이 성성한 70대들이 선반에 물건을 진열하거나 계산대를 지킨다.

3
나이 드는
맛

🌿

"한 가지 일을 경험하지 않으면,

한 가지 지혜도 자라지 않는다."

(명심보감)

　인생의 진정한 목적은 무한한 성장이 아니라 끝없는 '성숙'이
다. 인간의 신체적인 성숙은 보편적으로 청소년기의 사춘기(思春
期) 시절에 이루어지지만, 정신적인 성숙은 대체적으로 50세 이
전에 이루어지는 일이 거의 드물다. 세월은 경험이고, 지혜다. 인
생의 열매를 수확할 수 있는 사추기(思秋期)는 내면을 성장시키는
50세에 들어서야 맞이하게 된다. 50세 문턱에 들어서야 인생의

풍부한 경험과 원숙한 경륜을 갖게 되고, 그 진가를 발휘할 수 있게 되는 것이다. 그 나이 때가 되어야 또 한 번의 성장을 거듭하고, 비로소 보다 성숙한 인간으로서 발돋음을 할 수 있는 틀을 갖추게 된다는 것이다. 이것이 노년의 사춘기다.

몸은 늙어도 마음과 인격은 더 원숙한 삶이 펼쳐지고 더 농익은 깨우침이 다가온다. 나이가 들면서 주름이 늘어간다는 것은 마음으로 볼 수 있는 것들이 늘어간다는 것이다. 눈가에 자리 잡은 주름이 제법 친숙하게 느껴지면서 삶의 깊이와 희로애락에 조금은 의연해지고, 잡아야 할 것과 놓아야 할 것을 깨닫게 된다. 노인이란 한 걸음 한 걸음 걸어 나가면서 인생을 음미할 수 있는 나이이기 때문이다.

세월이 지나고 나서야 늦게 보이고, 들리고, 깨달은 것이 있다. 나이가 들면서 질러가는 것보다 때로는 돌아가는 게 좋아진다. 젊은 시절에는 직진이라 여겼는데, 뒤를 돌아봤을 때 지나온 길은 굽어진 길의 연속이었고 지나온 발자국이 반듯하지 않았음을 발견하게 된다. 가려서 볼 줄 알고 새겨서 들을 줄 아는 세월이 일깨워 주는 연륜의 지혜가 몸에 배고, 인생의 빛과 어둠이 녹아든 양만큼 적절한 빛깔과 향기를 띠는 것이다. 이는 배움으로 익힐 수 있는 것이 아니다.

삶의 여정 중에서 마음을 비우며 살아가기에 가장 좋다. 사는 동안 지나친 욕심으로 남과 비교할 때 시기와 질투가 생기는 것을 뒤늦게 알았다. 욕심을 좀 더 멀리서 남의 것처럼 바라볼 수 있어서 좋다. 담담한 마음으로 삶의 여백을 마음에 담을 수 있어서 좋다. 모든 것이 다르게 보이고, 점점 더 아름답게 보여진다. 가지고 싶은 마음보다, 주고 싶은 마음이 앞서서 좋다. '어떤 도움을 받아낼 수 있는가'보다는 '무엇을 해줄 수 있는가'를 생각하면서 주는 것이 더 많아졌을 때 비로소 어른이 된다.

자신의 능력과 임무를 헤아릴 줄 알게 되고 묵묵히 수행한다. 늙음은 그만큼 원숙해진다는 것이다. 모든 것이 흘러가는 것을 알았다. 물처럼 살라는 것은 막히면 돌아가고, 빨리 가려 조급해 말고, 미움도 아픔도 물처럼 그냥 흘려보내고 강물처럼 도도히 흐르다 바다처럼 넓은 마음을 가지라는 것을 깨닫게 된다.

나이가 들어서 세상의 일을 평면적으로 보지 않고 둥글둥글 전체를 보게 되고 지식보다는 지혜로운 말씀을 따르게 된다. 젊었을 적에는 내 향기가 너무 짙어서 남의 향기를 맡을 줄 몰랐다. 나의 가진 것들이 바래고 향기도 옅어지면서 은은히 풍겨오는 다른 사람의 향기를 맡게 되었다. 내 밥그릇을 가득 채우기 위해서 남의 밥그릇이 비는 줄을 몰랐다. 빈 마음을 여백으로 채우고,

담담하게 살아갈 수 있어서 좋다.

젊은 날에 친구의 아픔을 그냥 지켜볼 수밖에 없었지만, 지금은 나의 아픔처럼 생각이 깊어진다. 젊은 날에 친구의 푸념은 소화해 내기가 부담이 되었지만, 지금은 가슴이 절절해져 옴을 느낀다. 젊은 날에 친구가 잘되는 걸 보면 부러움의 대상이었지만, 지금은 친구가 행복해하는 만큼 같이 행복하다. 젊은 날에 친구가 흐트러진 모습을 보여주면 이해하기 힘들었지만, 지금은 오히려 자연스럽다. 젊은 날에는 지적인 친구를 좋아했지만, 지금은 눈으로 느낌으로 통하는 마음을 읽어주는 편안한 친구가 좋다.

마음 편하게 인생을 관조하며, 이 모든 것들을 깨닫게 되는 것이 세월 앞에 넉넉해지는 것은 나이 덕분이다. 나이를 거듭하지 않으면 깨닫지 못하는 것들을 나이를 거듭하면서 깨달았을 때, 비로소 멋진 삶을 발견할 수 있다. 이것이 노인 된 사람이 지녀야할 고귀한 정신이라고 전한다.

4

늙음은
새롭게 익어가는 것

❧

"사람은 나이를 먹는 것이 아니라, 좋은 포도주처럼 익는 것이다."

(필립스)

나이를 먹는 것은 결코 마이너스가 아니다. 늙는 것은 추락이
나 쇠퇴가 아니라, 내적으로 충만해질 수 있는 정점을 향해 더욱
성장해가는 과정이다. 좋은 포도주는 세월이 가면서 익어가는
것처럼, 나이를 먹는 것도 익어가는 것이다. 모든 것은 때를 기다
려야 한다. 밥도 뜸이 들어야 하고, 시간이 지나면 발효되는 된장
도 숙성되어야 하듯이, 사람도 마찬가지다. 나뭇잎 하나가 단풍
으로 물이 들기 위해서는 수백 번의 찬 이슬에 젖어야 한다고 한

다. 사람도 셀 수 없을 만큼 고난의 소낙비를 맞아야 비로소 인생이 뭔지 알 수 있게 된다. 오랜 시간 동안 겹겹이 나이테를 둘러온 나무는 어린 나무들과 비교할 수 없는 건장한 가지와 건강한 새순을 가지고 향기롭고 탐스러운 과일을 맺는다. 과일도 인생도 영글어야, 더 맛있다.

나무는 해를 거듭할수록 겉으로는 보이지 않는 나이테가 하나씩 생겨나면서 거목으로 성장한다. 뿌리가 깊고 굵은 나무는 더 많은 양분을 흡수할 수 있다. 가지가 크고 넓게 퍼져야 더욱 화려하게 꽃을 피울 수 있다. 이처럼 사람도 생일 케이크의 양초 숫자가 늘어날 때마다 원숙한 모습으로 성장하는 것이다. 그 성장을 위해서 이제까지 그동안 오랜 시간을 견딘 대가로 운명이 주는 보상이지, 세월을 낭비했던 것이 아니다.

나무의 나이테는 여름과 겨울을 견뎌야 생기기 때문에 계절의 변화가 없는 열대지방에서는 나타나지 않는다고 한다. 사람의 삶도 나무의 나이테같이 빛과 어둠이 녹아든 연륜이 몸에 배게 된다. 나이를 먹는 동안 꼬불꼬불한 역경의 길을 지나왔을 때 더 단단해지는 소중한 경험을 통해서 눈에 보이지 않는 연륜과 지혜가 생긴다. 연륜은 인생의 우여곡절이 없는 사람에게는 나타나지 않는다.

흔히 나이가 들수록 연륜이 묻어난다는 말을 자주 듣게 되는데 그만큼 경험하고 쌓아온 삶을 느낄 수 있다는 것이다. 인생을 살면서 몸소 배운 '진짜 경험'에서 나오는 삶의 지혜는 쉽게 따라잡을 수 없다. 다양한 경험과 체험을 하는 인고의 시간이 반드시 필요한 것이다.

지금까지 앞만 보고 너무 빨리 달려오면서 주변을 볼 수가 없었다. 세월이 가고 나이를 드니 참 많이 바뀐다. 욕심은 줄어들고 생각은 깊어진다. 화려한 생활보다 소박한 삶이 좋고, 좋은 옷보다 편안한 옷이 좋으며, 짙은 향기보다 은은한 향기가 좋다. 복잡한 것보다 단순한 것이 좋아진다. 잘생긴 사람보다 편안한 사람이 좋고, 멋진 구두보다 편한 구두가 좋으며, 거친 파도보다 잔잔한 물결이 좋다. 외국산 양주보다 국산 막걸리가 좋아진다. 복잡한 도시보다 한가로운 시골이 좋고, 달리는 차들보다 산과 흐르는 강물이 좋으며, 생명 없는 벽돌담보다 살아있는 초목이 좋아진다.

몸은 컴퓨터의 하드웨어에 해당되는 일부일 뿐이다. 인간이 위대한 이유는 하드웨어의 몸이 있기 때문이 아니라, 감정과 통찰력, 직관력을 지닌 마음과 정신이라는 소프트웨어가 존재하기 때문이다. 사실 노년의 하드웨어에 해당되는 외모는 젊음을 구가하던 때와 비교하면, 삼단 복부, 이중턱, 구부정해지는 허리.

흰머리, 빛나는 대머리, 거칠고 늘어진 피부, 자꾸 처지는 눈꺼풀 등 형편없다. 기억력도 떨어진다. 하지만 기억력을 빼앗은 자리에 살아온 날들로 쌓인 풍부한 경륜을 바탕으로 노숙함과 노련한 지혜가 채워진다. 이제까지 살아온 발자취가 있었기에 나이 들어 주름살이 깊어진 만큼, 저마다의 연륜이 몸에 배고, 인생의 빛과 어둠이 녹아든 양만큼 경륜과 식견은 깊어간다. 노년기에는 하드웨어보다 소프트웨어, 외면보다 내면이 충실해진다.

미국 미시간대 자키 스미스(Smith) 교수는 '노인들의 두뇌는 지혜(wisdom)의 두뇌'라고 한다. 어떤 문제를 해결하기 위해서 기존의 방대한 인생 경험을 조합하기 때문에 젊은이들보다 전체적인 상황을 신속하게 판단하는 데 뛰어나고, 더욱 창조적인 발상도 가능하다.

높은 학식과 넓은 견문을 지니고 있는 것을 의미하는 노숙(老熟)과 풍부한 경험을 통해서 얻어지는 익숙하고 능란한 것을 의미하는 노련(老練)의 앞 글자에, 나이가 많은 것을 의미하는 노(老)가 들어가 있는 이유가 있다. 노년은 이제까지의 경험을 바탕으로 하는 노숙함과 노련함을 슬기롭게 적절히 사용하여 노익장의 위치에 오를 수 있고, 삶을 아름답게 완성하는 최절정의 경지에 이르는 인생의 마지막 황금시간이다.

5
청춘에 못지않은
노년의 기회

❧

"은퇴란 멋진 것이다.

그것은 인생에서 완전한 자유를 갖게 되는 특별한 순간이다."

(베르나르 올리비에)

젊음의 활력을 유지하는 것이 행복한 노년이라는 생각은 착각이다. 수명 연장은 20대의 청춘 시절이 2배로 늘어나는 것이 아니라, 후반기 노년의 세월이 늘어나는 것이다. 수명 연장과 노년의 삶의 질이 꼭 비례하지는 않는다. 치매 등 이런저런 질병의 가능성이 커지고 새로운 변화에 대한 습득과 순발력, 기억력, 정보 분석력 등 인지 행동 기능이 전반적으로 감퇴하기 때문이다. 늘어난 시간을 통해 젊음의 모방이 아닌 노년만의 지혜를 갖기 위해서는 기준을 젊은 사람에게 둘 것이 아니다. 걸을 수 있고, 먹을 수 있고, 친구들과 대화할 수 있고, 또 카톡 페이스북 인스터그램 등 SNS도 즐기며, 사는 삶도 노년의 행복한 삶이 될 수 있다.

노인의 특권은 자유로움이다. 노년의 24시간은 자유다. 이는 삶을 향유할 수 있는 '나이 듦'의 특권이다. 노년은 일과 자녀 교육의 의무에서 해방되어 어느 때보다 여유로운 시기다. 노년은 가족을 위해 살아온 생활의 무게에서도 벗어나, 이제서야 진정 자신을 위해 자유롭고, 자신을 찾을 수 있는 나이다. 건강하고, 손 벌릴 필요 없는 여유만 있다면, 노년은 태어나서 처음 맞이하는 자신에게만 주어진 자발적 시간이고, 여유작작한 새로운 삶의 멋진 시작이 된다. 젊은 시절의 숨 가쁜 경쟁 사회에서 벗어나서 그만큼 보다 시간적인 여유와 마음의 여유를 가질 수 있다. 모든 구속에서 벗어나고, 스스로를 돌아볼 수 있는 일생일대의 기회다.

좋은 삶을 완성하는 시간은 바로 지금부터 시작되고, 지금부터가 자신의 시간이다. 아침에 잠이 깨면 그때부터 자유다. 퇴직 후에 남은 날들을 독립적으로 살아갈 수 있고, 스스로 삶을 즐길 수 있는 자유의 길을 갈 수 있다. 무엇을 하든, 무엇을 먹든, 입고 싶은 것, 하고 싶은 것 모두 아무런 거리낌 없이 내 마음대로다. 내가 싫으면 하지 않아도 괜찮다. 구속도 속박도 의무도 책임도 없다. 무엇이든 알아서 하면 되고 이래라 저래라 간섭이 없으니 완전 자주적이다. 이제까지 하고 싶었던 일을 하는 절호의 기회로 활용할 수 있는 것이다.

6
청춘은
마음의 상태

🌿

"무언가 큰일을 성취하려고 한다면,

나이를 먹어도 청년이 되지 않으면 안 된다."

(요한 W.V. 괴테)

젊음은 마음 상태이지, 나이의 문제가 아니다. 나이를 막론하고 생각에 따라서 젊은이도 될 수 있고, 노인도 될 수 있다. 살아가는 이 순간에도 젊게 살면 젊은이다. 나이가 젊지만 아무렇게나 살아가는 낡은 마음의 젊은이도 있고, 비록 몸은 낡아가도 마음은 날로 새로워지고자 하는 젊은 노인도 있다.

사람의 연령에는 자연연령, 생체연령, 건강연령, 정신연령이 있다. 자연연령은 자연적으로 세월이 지날수록 쌓여가는 연령이고, 생체연령은 몸의 노화 정도를 나타낸다. 자연연령과 생체연령은 어쩔 수 없지만, 건강연령은 자신의 노력에 달려있고, 정신연령은 마음먹기에 따라 다르니 젊게 살 수 있다.

정신과 의사들은 '노령에도 뇌세포는 증식한다.'고 말한다. 마음의 청춘은 지금도 현재 진행형이다. 열 살 때의 마음 나이와 지금의 마음 나이가 다르지 않을 것이다. 신기하게도 똑같을 것이다. 마음은 영원히 늙지 않기 때문이다. 확실히 '늙음'은 나이보다도 마음의 문제인 것 같다. 젊은 날의 꿈을 이야기하지만 꿈이 젊은이들만을 위한 것이 아니다. 노인일수록 꿈을 지니고 살아간다면, 그 꿈이 나이 들어감에 품위를 더하여 주고 윤택함을 줄 수 있다.

항상 새로운 삶의 활력을 찾고, 희망과 자신감이 있다면 언제나 청춘이다. 사실, 청춘은 '청춘' 그 자체 빼고는 다 별거 아니다. 노인은 젊은이들이 누리고 있는 청춘은 이미 누렸으며, 그런 시절을 모두 겪었다.

유대계 미국 시인인 사무엘 울만은 그의 유명한 시 '청춘(Youth)'에서 '청춘이란 인생의 어떤 기간이 아니라 마음 상태를 말한다. (Youth is not a time of life – it is a state of Mind)'라고 역설한다. 때로는 20세 청년보다도 70세 노년에게 청춘이 있다. 나이를 더해가는 것만으로 사람은 늙지 않는다. 마음 먹기에 따라서 얼마든지 상황은 바뀔 수가 있다. 이상과 열정을 잃어버릴 때 비로소 늙는다고 하였다.

<청춘 (Youth)>

청춘이란 인생의 어떤 기간이 아니라 마음 상태를 말한다.

장미의 용모, 붉은 입술, 나긋나긋한 손발이 아니라

씩씩한 의지, 풍부한 상상력, 불타오르는 정열을 가리킨다.

청춘이란 인생의 깊은 샘의 청신함을 말한다.

청춘이란 두려움을 물리치는 용기, 안이한 마음을 뿌리치는 모험심을 의미한다.

때로는 20세 청년보다도 70세 노인에게 청춘이 있다.

나이를 더해가는 것만으로 사람은 늙지 않는다.

이상을 잃어버릴 때 비로소 늙는다.

머리를 높이 치켜들고 희망의 물결을 붙잡는 한 80세라도 인간은 청춘으로 남는다.

(사무엘 울만)

7

나이는
문제가 아니다

"인생은 자전거를 타는 것과 같다.
당신이 계속 페달을 밟는 한 당신은 넘어질 염려가 없다."

(클라이드 페러)

노년기의 많은 사람들이 '전성기는 지났다', '이제 중요한 사람
이 아니다.', '나이가 들어', '새삼, 이 나이에~' 등의 부정적인 상
표들을 스스로에게 부여하면서 하루하루를 어영부영 헛되이 보
내는 경우가 흔하다. 노인들은 자신들이 이미 나이가 많아서, 어
떤 일을 시작하는 것이 엄두가 나지 않아서, 새롭게 시작할 수 없
다고 생각한다. 무슨 일을 시작하지 못하는 것을 순전히 나이 때

문인 것처럼 말한다. 오히려 남은 시간이 더 많을지도 모른다는 생각은 하지 않는다.

주위의 여건을 핑계 삼아 나약하고 비겁하게 새로운 일을 시도하지 못하는 것은 앞으로 찾아올 기회를 포기하는 것과 마찬가지다. 나의 삶을 사는데 내가 시도하지 않으면, 아무것도 이루어 낼 수 없다. 새로운 일을 시작하면서 왜 그 일을 시작할 수 없는가에 대한 '그래서' 못 한다는 변명거리만 준비하는 어리석은 사람이 있는가 하면, 스스로 그 일을 '그런데도' 할 수 있다는 모험심으로 출발하는 지혜로운 사람도 있다. 나이는 문제가 아니다. 결코 포기할 수 없는 것이 멋지게 늙고 싶은 것이다. 인생에 뜻을 세우는 데 있어 늦은 때라곤 없다. 이를 모르고 산다면 생의 마지막 시기가 너무 아깝고 아쉽다.

무엇이든 이루어지기 전에는 항상 불가능해 보인다. 하지만 포기하지 아니하면 때가 이르면 거두게 된다. 더 이상 후회하지 말고, 가슴 아파하지 말고, 세월이 다 가기 전에 꿈은 이루어진다는 생각으로 길을 나서고 몸부림치며 부딪쳐 봐야 한다.

8
늦은 시기는 없다

🌿

"세상의 중요한 업적 중 대부분은, 희망이 보이지 않는 상황에서도
끊임없이 도전한 사람들이 이룬 것이다."

(데일 카네기)

인생에서 진정으로 가치 있고 의미 있는 일을 하기에 늦은 나
이는 없다. 포기하지 않는 한, 늦어버린 시기는 없는 것이다. 100
세 시대에 만약 60살에 은퇴한다 해도 99살까지 산다면 약 30년
이상을 살다가 죽게 된다. 그 시기의 은퇴 후 30년을 흔히 핫 에
이지(Hot Age)라고 말한다. 말 그대로 뜨거운 열정을 가지고, 또 다
른 인생을 사는 시기라는 말이다.

핫 에이지의 시기에 수동적인 자세에서 벗어나, 열정적으로 자신의 시간을 만들어야 한다. 열정을 놓지 않아야 마음도 청춘이다. 노인에게도 열정이 있다면 마음은 청춘이라는 것이다. 열정과 희망이 사라지고 할 일이 없어지면 그때부터 늙기 시작한다. 열정을 가지면 마음이 늙지 않고, 마음이 늙지 않으면 육체도 건강해진다.

엘렌 랭어(2022, 『늙는다는 착각』)는 시계 거꾸로 돌리기 연구에서 인지능력은 물론 시력과 관절염 증상조차 좀 더 의식을 집중하면 향상될 수 있다, 즉 마음에 따라 몸이 따라간다는 것을 증명하였다.

96세로 타계한 세계적인 경영학자 피터 드러커(Peter Ferdinand Drucker)는 타계 직전까지 젊은이보다 더 젊은 꿈과 열정을 가지고, 강연과 집필을 계속했다. 노년과 창조력은 무관하지 않다. 역사적 업적의 64%가 60세 이상의 노인들에 의하여 성취되었다. 노년기에 열정을 가지면 오히려 위대한 업적을 남길 수 있는 이유가 여기에 있다.

세계 역사상 최대 업적의 35%는 60~70대에 의하여 성취되었고, 23%는 70~80세 노인에 의하여, 6%는 80대에 의하여 성취되었다고 한다. 조선조의 황희(黃喜)는 68세에 영의정에 올라 86세에 은퇴했다. 독일의 정치인 아데나워는 88세에 서독 초대총리에 취임하였다. 소크라테스의 원숙한 철학은 70세 이후에 이루어졌으며, 괴테는 대작 『파우스트』를 60세에 시작하여 82세에 완성하였다. 『파브르 곤충기』로 유명한 장 앙리 파브르는 85세에 10권의 곤충기를 완성하고 생을 마감했다. 르네상스의 거장 미켈란젤로가 시스티나 성당의 벽화를 완성한 것은 90세 때였다. 독일의 알버트 슈바이처는 89세 때까지 아프리카에서 수술을 집도하였다.

미국의 현대 화단에 돌풍을 일으킨 리버맨은 사업에서 은퇴하고 장기나 두려던 차에 어떤 아가씨의 충고를 받아들여 단 10주간 그림 공부를 한 후에 그림을 시작하였는데 그때가 81세였다. 그는 101세에 스물두 번째 개인전을 가졌다. 일본의 100세 시인 할머니 '시바다 도요'는 92세에 시(詩) 쓰기를 시작해서 99세에 『약해지지 마』라는 시집을 발간해 150만 부의 베스트셀러를 기록했다. 세계적인 KFC 체인점 매장 광고탑의 하얀 양복을 입은 할아버지는 창업자인 커넬 할랜드 샌더스이다. 그는 65세 나이에 모든 재산을 탕진하고, 1,009번의 거절을 당한 후에 1,010번째에 투자자를 만나, 'KFC'를 설립하여 세계적으로 성공하였다.

9

노인이 살아야
나라가 산다

❧

"내가 아직 살아있는 동안에는
나로 하여금 헛되이 살지 않게 하라."

(랠프 월도 에머슨)

우리나라는 2017년도에 노인이 전체 인구의 14%를 웃도는 고령사회에 진입하였다. 이와 함께 생산가능 인구(15~64세)도 2016년의 3,619만 명을 정점으로, 2017년에 처음으로 감소세를 보이면서 2050년에는 2,242만 명으로 감소할 전망이다.

한국개발연구원의 '고령화 사회 경제성장 전망과 대응방향'에서는 앞으로 30년 동안 고령화 현상이 심해져 65세 이상의 경제활동참가율이 성장률을 좌우할 것으로 발표하였다. 결국 경제성장률의 하락을 저지하려면 앞으로 고령층의 경제활동참가율을 높여야 한다는 것이 보고서의 요지다.

국제통화기금(IMF)에서도 한국을 생산인구 대비 노인 비중이 급속히 증가함에 따라 생산가능 인구가 절대적으로 감소하는 국가로 평가하면서, 한국경제의 최대 리스크 요인이 될 것이라고 언급했다. 앞으로 고령 인구의 증가로 인한 생산가능 인구의 감소로 전반적으로 노동력 부족 현상이 나타난다는 것이다.

노인들이 아무런 생산성 없이 살아가 국가 경제에 짐이 되는 것은 끔찍스러운 일이다. 고령화가 빨라지는 상황에서 국민연금과 의료보험 재정이 바닥을 드러내는 것이 우려된다. 기초연금으로 소요되는 자금이 9천억 원이고, 건강보험료의 30%를 노인 인구가 사용하고 있다고 한다. 이런 복지비용으로 국가 살림이 바닥이 나게 되면 심각한 일이다.

국가의 부담도 벅차다. 세금은 천정부지로 치솟고, 퇴직연금과 의료혜택이 대폭 줄어든다. 국력이 약해지면서 정부 부채가 감당할 수 없는 수준으로 늘어나서 경제성장의 둔화로 연결되고 국가 경제에도 큰 부담으로 작용할 것으로 암울하게 전망된다. 이는 고령화가 경제 근간을 무너뜨리는 종말의 동기가 될 수도 있다는 암시다.

국가나 기업, 주위에서 도와줄 수 있는 부분은 너무나 한정적이고 제한되어 있기 때문에 얼마나 준비할 수 있는지는 결국 개인의 몫이다. 노인들도 국가나 사회가 주변에서 무엇을 해주기만을 바랄 것이 아니라 스스로 무엇인가 할 일을 찾아서 해야 하는 쪽으로 삶의 방향을 바꿔야 한다. 그 나름대로 경륜과 원숙을 펼칠 방법이 있어야 한다.

노인 인구의 건강보험 진료비는 2015년 21조 6000억 원에서 2060년 390조 8000억 원으로 급증할 전망이다. 국내총생산(GDP)의 6.57%에 달하는 규모다. 이 같은 사회적 비용을 줄이는 것이 한국의 경쟁력을 높이는 길이다.

나라가 제 길로 제대로 나가려면 노인들이 제 구실을 하여야 한다. 노인이 살아야 나라가 사는 것이다. 아직 넉넉히 일할 수 있는 60대~70대 노인들이 할아버지라고 헛기침만 하고 뒷짐 지고 이제는 늙었으니 내가 할 일은 없다, 내 한 몸 편하게 살다 가자는 식으로 허송세월 보낸다는 것은 본인과 가족들, 그리고 사회 전체적으로 안타까운 일이다.

인생 100세 시대라는 말이 일반화된 요즘 이런 현상은 바람직스럽지 않다. 인간수명이 늘어나는 것은 단지 힘없고 기운 빠진 노년기가 늘어나는 것이 아니다. 신체가 노화된다고 해서, 경제활동이 끝나는 시기가 온 것이 아니다. 노화 과정이 느려지면서 생산적인 중년기가 길어지는 것이다. 또한 최근에는 완력이 필요한 힘든 작업은 기계가 대체하기 때문에 80세 전후까지는 경제활동이 가능하다. 노년기를 경제활동이 지속 가능한 시기로 본다면, 고령화 현상은 오히려 노동력 부족의 새로운 탈출구로서 잠재력이 충분하다. 노인의 지혜와 경험을 바탕으로 풍요로운 경륜을 활용하는 가정과 사회, 그리고 국가는 발전할 수 있을 것이다. 이는 노동시장의 새로운 인력의 공급원이 되고, 미래세대의 부담을 덜어 줄 수 있기 때문이다.

노년의 생활에도 끊임없이 무언가 생산적인 활동을 해나가는 것은 적극적으로 삶에 참여하는 것이다. 성공적인 노화를 위한 길은 질병과 장애를 피해 가면서, 신체적, 정신적 기능을 잘 유지하고 끝까지 삶에 참여하는 것이다. 노년에도 작은 일이라도 생산적인 노동을 통해 손수 일하면 번 돈이 얼마 되지 않아도 자랑스런 마음으로 자립할 수 있다. 자식들에게 아쉬운 소리 할 일도 없고, 늙어서 일하고 살아가는 재미가 쏠쏠하다.

평소의 실력과 능력을 살려, 무엇을 할 수 있는가가 중요하다. 아니면 지금부터라도 무엇인가 배우고 갈고 닦으려는 노력이 필요하다. 그래야 사회의 힘이 되는 시니어를 꿈꿀 수 있고, 어떤 미래든 미래의 주역이 될 수 있다. 궁극적으로 인생 후반을 충만하게 살려는 노인들의 노력이 우리 사회에도 유례없는 기여를 할 수 있다는 점을 강조하고 싶다.

제4장

노년의
길 찾기

1
한 치 앞을 모르는
인생사

"램프가 아직 불타고 있는 동안에 인생을 즐겁게 보내라.
장미꽃이 시들기 전에 그것을 따라."

(요한 M. 우스테리)

어제가 다르고, 오늘이 다른 게 우리가 사는 세상이며, 한 치의 앞을 모르는 것이 인생사다. 인생사에는 안정된 것이 하나도 없기 때문에 상황이 좋건 나쁘건 항상 변하게 된다. 사람이 유일하게 예측할 수 있는 것은 예측이 불가능하다는 것이다. 삶이란 예측 불가능한 시나리오이기 때문이다. 예측할 수 없는 삶을 살기 때문에 언제 어떤 일이 닥쳐올지 알지 못한다. 하늘에는 예측할 수 없는 바람과 구름이 있고, 사람은 아침, 저녁에 있을 화(禍)와 복(福)을 알지 못한다. 살다 보면, 자신이 의도하고 원하는 대로 흘러가지 않는 상황들이 많다. 100세 시대를 사는 우리의 인생이 앞으로 어떤 길로 흘러갈지 모른다.

내일의 일은 아무도 모른다. 오는 내일은 미지의 영역이고, 누구도 내일을 기약하지 못한다. 내일은 운명이며, 미스터리(mystery)다. 앞으로 어떻게 해 보겠다 장담할 일도 아니고, 간섭할 일이 아니다. 우주 만물은 항상 돌고 변하여 잠시도 한 모양으로 머무르지 않는다. 이 세상 모든 것은 한때이고, 변해간다는 것이다. 모든 것은 눈 깜짝할 사이에 변할 수 있다. 행운이나 명성도 일순간에 생기고 일순간에 사라진다. 어제 가지고 있었고, 오늘도 가지고 있다고, 내일 또한 가지고 있으리라 장담할 수 없다. 내일이 되면, 물을 주려던 그 꽃은 이미 시들어 있을 수 있다. 내일은 내일 아침에 일어나 봐야 알 뿐이고, 내일은 나의 몫이 아니다.

내일은 기약이 없으니, 오늘이 내 생의 마지막 날이라 생각하고, 지금까지 하지 못한 일들을 하여 내일 떠나더라도 후회 없는 삶을 살아가야 한다. 내일 해야 하는 백 가지 일의 이유보다 지금

하고 싶은 그 한 가지 일의 이유가 더 소중하다. 내일이면 또 다른 구름을 볼 수 있는 것처럼 내일은 또 내일의 태양이 떠오른다. 내일은 하늘과 신에게 맡기고, 내가 할 수 있는 일에 전력을 다하는 것이 현명하다.

2
노년기에 이기는 것이
진짜 승리

"절망하지 마라.

종종 열쇠 꾸러미의 마지막 열쇠가 자물쇠를 연다."

(필립 체스터필드)

인생을 축구경기에 비유하면, 25세까지는 연습기간, 50세까지는 전반전이 되고, 75세까지는 후반전이 된다. 그리고 100세까지의 연장전이 기다리고 있다. 인생의 연습기간은 학창시절의 과정, 전반전은 직장생활로 보낸다. 전반전에서는 앞만 보고 정신없이 살았다. 전반전은 학력, 직위, 권력, 돈이 많고 높아지면 이기는 것이었다.

하지만 전반전에 많은 골을 넣었고, 아무리 화려해도 후반전의 인생이 풍요롭지 못하면 성공한 인생이 될 수 없고, 패배로 끝나게 된다. 잘못하면 후반전에서는 전반전에서 높이 쌓았던 모든 것들을 누릴 수 없게 되는 것이다. 전반전의 빛나는 승리를 위한 생업의 짐으로 축 처진 어깨와 백발이 무성하게 아등바등 살면서 청춘을 바쳤던 하나밖에 없는 몸의 혈압, 혈당을 낮추기에 급급하면서, 병마를 이기지 못하고, 명줄을 의사에게 구걸하면서 후반전을 패배로 마무리 지을 수 있다.

아직 경기는 끝나지 않았다. 가장 좋은 순간은 아직 오지 않은 것이다. 기운이 없다고, 못산다고 비굴해질 필요가 없다. 노인 세대의 무대는 후반전이다. 인생의 전반전의 성과가 시원치 않았다면, 후반전의 역전 기회는 남아 있다. 사람마다 꽃 피우는 때가 다르다. 늦게 피는 꽃이 화려하다. 후반전에 이겨야, 진짜 이기는 것이다. 아직도 좋은 것이 인생에 남아 있다는 확신을 갖고, 뚜렷한 꿈과 희망을 품고 적극적이고 열정적인 마음과 더불어 목표를 향하여 내딛는 발걸음만 힘차다면, 후반전이나 연장전에서 터지는 인생의 결승 골을 기대할 수 있다는 것이다.

중요한 사실은 '해낼 수 있는 것인가'가 아니라, '포기하지 않는 의지'다. 부지런히 걸으면 없던 길도 생기지만, 중도에 걸음을 멈추면 있던 길도 없어진다. 힘들다고 해서 주저앉아 있으면 길은 점점 더 어려워질 수밖에 없다. 사막을 여행하는 사람이 오아시스를 바로 앞에 두고 쓰러진다고 한다.

인생이 끝나는 것은 포기할 때 끝장이다. 언제든지 새로운 목표를 향해 첫발을 내딛을 수 있다. 의욕적인 목표가 인생을 즐겁게 한다. 첫걸음을 떼는 것이 중요하다. 인생의 목적은 1등을 하는 데 있지 않다. 포기하지 말고, 서두르지도 말고, 지금 여기에서 한 걸음씩 성실과 인내로써 전진하는 것이다.

꿈과 도전에는 나이의 한계가 없다. 도전에 성공하는 비결은 단 하나, 결단코 포기하지 않는 일이다. 백발의 노인도, 젊은 청년도 그 누가 되었든 도전할 수 있는 것이다. 젊은 청년이라도 스스로 포기한다면 아무것도 이루어지지 않지만, 백발의 노인이라도 도전하고 꿈을 꾼다면 무엇이든 할 수 있다. 순서 같은 건 뒤죽박죽돼도 괜찮다. 남보다 늦어도 괜찮다. 비록 늦게 달렸다고 해도, 서두르지 말되 천천히 가는 것을 두려워하지 말고, 멈춰 있는 것은 두려워해야 한다. 천천히 걸어간다고 길을 잃는 것은 아니다. 천천히 걸어가면 지치지 않고 멀리 갈 수 있다.

이만큼 살아왔는데 여기서 조급하게 더 서두를 필요가 없다. 조급하면 실수가 많고 낭패 볼 확률이 더 높다. 어차피 늦는 거라면 허둥대거나. 내달리다 넘어지지 말아야 한다. 빨리 간다고 상을 주지 않는다. 천천히 가더라도 뒤로는 물러서지 않아야 한다. 빨리 달려도, 천천히 걸어도 우리에게 주어진 시간은 오직 한 세상이다.

3
죽기 전까지는 끝난 게 아니다

"끝이 좋으면 다 좋다."

(영국 속담)

인생은 끝까지 살아봐야 알 수 있다. 예순 살이든 일흔 살이
든, 아직 인생은 끝나지 않았다. 죽음은 누구도 피하지 못하지만,
죽기 전까지는 죽지 않은 것이다. 무엇이든 시작이 있으면 끝이
있기 마련이기 때문에 인생에도 반드시 끝이 있다. 모든 일은 끝
까지 보고 판단해야 한다.

나뭇가지의 인생은 끝을 어떻게 마무리하느냐에 따라 결정된
다. 나뭇가지의 끝에 화약을 묻히면 성냥이 되고, 솜을 두르면 면

봉이 되고, 끝을 날카롭게 다듬으면 이쑤시개가 된다. 중요한 것은 끝이다. 진정한 승자는 세월이 지나 봐야 드러나는 법이다. 가장 빛나는 별은 아직 발견되지 않은 별이다. 별은 바라보는 자에게 빛을 준다. 별처럼 빛나는 젊은 시절의 꿈을 믿는다는 것은 위대한 일이다. 그러나 그보다 더 위대한 일은 인생의 황혼 무렵 나의 꿈을 이루었다고 말할 수 있는 삶을 사는 것이다.

노년기는 인생의 주기로 보면 내리막길 같지만, 꿈이 있는 한 나이는 없다. 자신에 대한 확고한 믿음, 자발적 선택과 결단, 무한의 도전 정신만 있으면, 내리막길이라는 말은 어림도 없는 소리다. 장거리 주자들은 결승점에 도착하기 직전 극도로 지쳤을 때야 비로소 자신의 진정한 능력을 발견하게 된다. 좋은 끝장을 향해 인생의 결승점에 가까워질수록 더욱 최선을 다해 뛰어야 한다.

4
녹슨 삶을
두려워해야 한다

"영원히 살 것처럼 꿈을 꾸고,
내일 죽을 것처럼 오늘을 살아라."

(제임스 딘)

때로는 삶의 진가를 모르고, 그저 목숨이 붙어 있기에 세월의 코걸이에 끌려가면서 무사안일하게 살아가는 사람도, 특별히 만나는 친구도 없이 무사안일하게 살아가는 사람도 더러 있다. TV를 켜기는 쉽지만, 끌 때는 대단한 용기가 필요하다. 지루하고 심심하여 바보상자라고 불리는 TV의 리모컨을 쥐고 소파에 누워서 쳇바퀴의 다람쥐와 같은 하루를 보내면, 그 인생은 종친 것이나 마찬가지다.

다산 정약용은 오래 살기를 바라기보다는 인생의 의미를 찾아가며 잘 사는 인생이 되어야 한다는 의미에서 숨만 쉬고 밥만 먹고 살아있을 뿐, 살아있다는 아무런 의미도 없는 사람의 인생을 유생무생(有生無生)이라 하였다.

우리 모두는 늙고 언젠가는 죽는다. 그렇지만 두려워할 것은 늙음이나 죽음이 아니고, 녹이 슬어 사라지는 녹슨 삶이다. 삶이 녹슬면 모든 것이 허물어진다. 비록 늙어 가지만 함부로 살지 말고 낡지는 말아야 한다. 늙음이 곧 낡음이라면, 삶은 곧 죽어가고 있는 것일 뿐이다. 늙음과 낡음이 만나면, 허무와 절망밖에는 아무것도 남지 않는다. 곱게 늙어 가는 이들은 늙지만, 낡지는 않는다. 늙음과 낡음은 글자로는 불과 한 획의 차이밖에 없지만, 그 품은 뜻은 서로 정반대이다.

5
체념은 스스로를 매장하는 행위
(죽음의 대기병이 되지 마라)

꒰꒱

"체념이란 하루하루 자살하는 것이다."

(오노레 드 발자크)

'나는 안 돼', '나는 이제 쓸모없는 늙은이야', '이 나이에 도대체 무엇을 하겠는가?', '어느새 이런 나이가 되었네' 따위의 푸념을 하면서 너무나 많은 것을 체념하며 살고 있다. 이처럼 노인 흉내를 내는 것은 자신을 스스로 매장하려는 어리석은 짓이다. '이 나이에~' 하고 자신의 한계를 정하는 순간, 나머지 인생은 단지 죽음을 기다리는 대기시간이 되고 만다. 절망은 삶에 대한 기대를 저버리고 체념하게 만든다. 절망에 빠지면 체념하는 것에 길들

여진다. 어떤 일을 해 보기도 전에 체념부터 하지 말아야 한다.

잃은 것은 찾을 수 있지만 포기한 것은 찾을 수 없다. 늙었다고 절대 기죽지 말고, 체념하지도 말고, '나도 할 수 있다'는 자신감과 용기를 잃지 말아야 한다. 자신의 능력을 무시해서는 안 된다. 못 해서 안 하는 것이 아니라, 안 해서 못 하는 것이다. 사람은 누구나 무한한 잠재능력과 무한한 가능성이 있다.

인간의 능력은 현재 보이고 있는 것만이 아니다. 생전에 사용하는 능력은 빙산의 일각과 같이, 잠재능력의 7%~10% 정도뿐이라는 이론도 있다. 신(神)은 공평하다. 뿔이 있는 소는 날카로운 이빨이 없고, 이빨이 날카로운 호랑이는 뿔이 없으며, 날개 달린 새는 다리가 두 개뿐이고, 날 수 없는 고양이는 다리가 네 개다. 예쁘고 아름다운 꽃은 열매가 변변찮고, 열매가 귀한 것은 꽃이 별로다. 세상에 장점만 지닌 완벽한 사람은 없으며, 단점만 있는 미숙한 사람도 없다. 모든 사람의 존재는 우연이 아니고, 모든 이는 특별한 재능을 받으며 세상에 나왔다. 누구나 자신만의 강점이 있고, 저마다의 고유한 가치가 존재하고 있다.

아무리 가난하고 나약한 의지를 지닌 사람이라도, 적어도 하나쯤은 누군가의 부러움을 받을 만한 강점이 있게 마련이다. 다만 그것을 알아차리는 데 어려움이 있을 뿐이다. 삶의 의미는 자신의 재능을 발견하는 것이고, 삶의 목적은 그 재능으로 누군가의 삶이 더 나아지게 돕는 것이다.

우리가 바라는 삶은 사소한 변화가 쌓여 거대한 움직임을 만든다. 자신의 불신에서 벗어나. 자신의 강점을 스스로 인정하고 존중해야 한다. 자신을 긍정적으로 바라보는 모습은 결국 우리 마음에 자리를 잡고, 뇌를 변화시켜서 새로운 꿈 꾸기가 가능한 것이다.

6
희망을 버리는 것은 죄악

"주름이 생기지 않는 마음,

희망에 넘치는 친절한 마음과 늘 명랑하고 경건한 마음을

잃지 않고 꾸준히 갖는 것이야말로 노령을 극복하는 힘이다."

(토마스 베일리)

노년은 점점 의욕과 열정을 잃어가는 시기라고 속단할지 모른다. 실제로 나이가 들면서 점점 의욕과 열정을 잃어가게 된다. 그래서 대부분의 사람들은 노년을 삭막하고 고독한 시기로 보고 절망과 슬픔을 떠올린다.

어찌 보면 나이가 들어가는 것은 희망을 잃어가는 삶일 수도

있다. 희망이 사라지고, 할 일이 없어지면, 그때부터 늙기 시작한다. 그러나 생각하기 나름이다. 늙었기 때문에 희망이 없는 게 아니라, 희망이 없다 보니, 늙어 가는 것이다. 세월이 얼굴에 주름살이 생기게 하는 것은 지극히 당연하지만, 희망을 포기하는 것은 마음의 영혼을 주름지게 하는 것이다. 노인이 되어도 인생은 희망을 요구한다. 그것 없이는 제대로 살아갈 수가 없기 때문이다.

희망이 없는 삶은 인생 최대의 비극이다. 미래에 대한 희망과 꿈이 없으면, 현실이 아무리 풍요로워도, 무기력에 빠져들게 된다. 희망 없는 사람에게 내일은 알 수 없는 두려운 존재이기만 하다. 이를 치유하는 약은 희망 이외에는 없다. 스스로 해 보려는 결심과 희망이 우선이다.

한 번뿐인 인생을 아무렇게나 허송할 수는 없다. 이제까지 잃어버렸던 인생을 찾기 위해 남은 세월을 후회 없이 살아가야 한다. 지난날을 돌이키며 후회하기보다는 남은 날을 아름답게 가꾸는 일에 희망을 가져야 한다. 그렇지 않으면 외롭고 고통스러운 인생 여정의 막다른 길로 내몰리게 된다.

미래의 꿈이 있으면 현실이 아무리 각박하고 힘들어도, 지금도 할 수 있다는 자신감과 희망을 잃지 않으면, 극복해 나갈 수 있다. 그렇기 때문에 현재를 살면서 희망을 만들어 가고, 미래를 준비해야 한다.

사람을 강하게 만드는 것은 그가 하는 일이 아니라, 하고자 하는 희망을 갖는 것이다. 희망은 볼 수 없는 것을 보게 하고, 만져질 수 없는 것을 느끼게 하며, 불가능한 것을 이루게 한다. 인생의 종말이 온다 해도 희망의 꿈을 가꿔야 하고, 나이가 들수록 희망을 포기해서는 안 된다.

『세상에서 가장 행복한 100세 노인』의 저자 에디 제이쿠는 아우슈비츠의 그 엄청난 고난 속에서 살아남았다. 그가 그 책에서 강조하고 강조하는 것은 "포기하면 끝이다." 꿈과 희망이 없는 사람들이 포기하며 그런 사람들이 제일 먼저 죽어갔다고 했다. 희망은 희망을 갖는 사람에게만 존재한다. 비에 젖으면 비를 두려워하지 않듯이, 희망에 젖으면 미래가 두렵지 않다.

세월이 흐르면서 잊고 있던 어린 시절의 '장래 희망'은 유통기한이 있는 것이 아니다. 그동안 방치했던 휴면계좌를 되살리듯이, 아직 어린 시절부터 간직해 오고 있는 꿈과 열정, 희망이 아직도 남아 있다면, 노년에 주어진 시간을 새로운 일을 해내는 시간으로 만들 수 있다.

한쪽 문이 닫히면 언제나 다른 쪽 문이 열린다. 어떤 일을 할 수 있고, 해야 한다는 희망이 있으면 길이 열리기 마련이다. 아주 작은 희망들을 갖고 이루어 가다 보면, 이것이 한 조각의 큰 구름이 되어 무지갯빛 희망으로 성장해 갈 것이다. 여기서 유일하게 필요한 것은 진정으로 가치 있는 삶을 살고자 하는 의지와 희망을 갖는 것이다.

문제는 열정이다. 나이가 들어서 열정이 사라지는 것이 아니라, 열정이 사라져서 나이가 든다. 노년을 초라하지 않고 우아하게 보내는 핵심적인 요소는 열정이다. 열정이 없는 사람은 꼼짝하지 않고 바람을 기다리는 배와 같다. 중요한 것은 어려운 처지에서도 힘없는 노인이라는 이름표보다 열정적인 마음으로 앞날에 대한 희망을 갖는 것이다. 노년을 초라하지 않고, 우아하게 보내는 비결의 핵심적인 요소는 희망이다. 희망은 존재의 핵심이고 중심이다.

<산다는 것은 꿈을 꾸는 것이다>
현명하다는 것은 아름답게 꿈을 꾸는 것이다.
살아있다는 것은 꿈이 있다는 것이요,
꿈이 있다는 것은 희망이 있다는 것이다.

희망이 있다는 것은 이상을 갖고 있다는 것이요,

이상을 갖는다는 것은 비전을 지닌다는 것이다.

비전을 지닌다는 것은 인생의 목표가 있다는 것이다.

꿈을 잃은 사람은 새가 두 날개를 잃는 것과 같다.

비록 힘없고 하찮은 존재일지라도 꿈을 가질 때 얼굴이 밝아지고 생동감이 흐르며,

눈에는 광채가 생기고 발걸음은 활기를 띤다.

살아가는 나날이 씩씩하여진다.

꿈이 있는 사람이 행복한 사람이고 꿈꾸는 자가 인생을 멋지게 사는 사람이다.

꿈 있는 사람이 참 인생을 알고 인생의 멋을 아는 사람이다.

꿈이 있는 사람이 인생을 멋있게 살고 아름다운 발자취를 후세에 남긴다.

(프리드리히 실러)

7

용기에 비례하는
삶의 크기

※

"아무것도 할 수 없을 때, 단 한 가지 방법이 있다.
그것은 용기를 가지는 것이다."

(탈무드)

무언가 불만이 있는데도, 부딪쳐 나갈 의욕이나 용기가 없어
내버려 두고 있다면, 이는 아직 충분히 불만스러운 것이 아닐지
도 모른다. 그 불만의 절실함은 나에게 물어보는 장치이기 때문
이다. 아는 길이 익숙하고 편하다고 아는 길로만 다니면, 편하니
까 좋다. 하지만 아는 것만 알다가 이 세상을 떠나게 된다. 인생
에는 미처 다 가볼 수 없는 여러 갈래의 길이 있다. 여러 갈래 길

사이에서 잠시 이탈하거나 행로를 변경하는 것은 방황이 아니라, 오히려 행복한 모험일 수 있다. 한 번도 경험해보지 않은 일을 해 보는 것도 의미가 있다.

반드시 꿈을 이루는 것보다 꿈을 향해 도전하는 자체가 소중한 것이다. 후회를 하더라도 해 보고, 후회하는 것이다. 지금까지 전혀 생각하지 못했던 낯선 것에서 새로운 세계가 열리게 된다. 낯선 것에 대한 도전이 필요하다. 노인이라고 해서 낯선 상황을 피하면 안 된다.

다시 도전할 수 있는 사람이 용기 있는 사람이다. 이제부터 이 순간부터 새 출발을 위해서 다시 시작할 수 있는 용기를 내는 것이다. 도전이 필요할 때 낯선 것을 거부하지 않고 움직일 줄 아는 것, 이것도 큰 용기이다. 두렵고 힘들더라도 나가야 한다. 두려워하는 것을 하는 것이 용기다. 두려움이 없으면 용기도 없다. 많은 사람들이 재능의 부족보다, 용기 부족으로 실패한다. 새로운 일을 만나게 되면 덜컥 두려움이 느껴져 쉽게 포기할 때가 있다. 남들이 하지 못하는 것을 하는 일은 용감한 사람들의 몫이다.

다시 시작하지 못하는 솔직한 이유는 어떻게 보면 과거에 실패했던 경험이나, 주변 사람들의 실패담에 대한 두려움 때문이다. 하지만 용감한 사람은 두려움을 느끼지 않는 사람이 아니라,

두려움에 맞서는 용기를 갖고 두려움을 극복하는 사람이다. 두려움을 피하기 위하여 몸을 움츠리는 사람은 지혜로운 사람이 아니다. 두려움은 희망 없이 있을 수 없고, 희망은 두려움 없이 있을 수 없다. 살아가면서 내일을 알 수 없어, 늘 아슬아슬하다. 그 누구도 확실한 미래는 없다. 약속된 것도 없다. 삶엔 자주 위험과 시련이 따르는 우리의 통제 능력을 벗어나는 상황들이 펼쳐진다.

내일을 향해 나아갈 수 있는 희망을 얻는 길이 행복한 모험일 수도 있다. 우리가 할 수 있는 가장 큰 모험은 바로 이제까지 꿈꿔오던 삶을 사는 것이다. 하고 싶은 일을 하는 것이 곧 자아실현(自我實現)이다. 자신이 하고 싶은 일을 하면 크나큰 성취감을 맛볼 수 있다.

물론 불안하다. 종종 '나 같은 게, 할 수 있을까?' 한다. 하지만 자신만이 할 수 있는 일이 있는 것이 진정한 행복의 지름길이다. 철학자 칸트는 행복의 조건으로 할 일이 있고, 사랑할 사람이 있고, 희망이 있으면 행복한 사람이라고 하였다. 남보다 늦게 시작하려면 용기가 필요하다. 삶이 있는 한 희망은 있다. 삶이 힘들 때 용기를 잃지 않고 정진하다 보면 어느새 희망의 빛이 가까이 다가오는 것이 세상의 순리다.

죽은 듯 보이는 번데기가 화려한 나비가 되는 것처럼, 자신의 존재를 송두리째 뛰어넘어야 하는 일이기도 하다. 용기가 있어야 도전할 수 있고, 불가능도 가능으로 바뀐다. 도전은 새로운 길을 내는 것과 같다. 무(無)에서 유(有)를 만드는 창조 작업이기도 하다. 두려움을 가지되, 피하거나 도망쳐서는 안 된다. 도전해야 기회도 만날 수 있다.

'가위바위보' 게임에서 안 내면 무조건 진다. 우리의 인생도 이와 같다. 도전 했을 때의 성공확률은 50%이지만, 실패를 하더라도 실패는 진리로 통하는 으뜸가는 길이다. 삶에는 실패가 없고, 무엇인가 가치 있는 것을 얻게 되는 경험만 있을 뿐이다. 실패에서 얻을 수 있는 반성과 교훈의 경험과 함께 낯선 곳에서 새로운 세상과 새로운 사람들을 만날 수 있게 되고, 창조적인 삶을 살아가게 된다.

인생은 늘 평탄하고 안락한 삶만이 있는 것이 아니고, 시련과 함께한다. 시련은 꼭 방해물만 되는 것은 아니다. 시련은 부유하게 하지는 않으나 지혜롭게 한다. 더욱 성장할 기회이자 새로운 도약을 위한 발돋움이다.

그 시련이 인생을 더욱 값어치 있게 만든다는 사실을 받아들여야 한다. 시련을 담대하게 맞설 때 이미 성장은 시작된다. 시련을 겪는다는 것은 바닷가에 있는 자갈이 되는 것과 같다. 여기 저기 다치고 멍들지만, 전보다 윤이 나고, 값지게 되기 때문이다. 때로는 '위험'을 감수해야 할 순간도 있다. 새로운 분야에 도전하는 일은 특히 그렇다. 이는 무척 어렵고 겁나는 일이다. 하지만 세상에서 가장 위험한 일은 위험을 전혀 감수하려 하지 않는 것이다.

시작은 언제나 묘한 흥분을 가져다준다. 그리고 그 흥분은 지루했던 삶에 에너지를 공급하기 마련이다. 인간은 희망을 지니게 될 때 변화된다. 삶의 탄력은 희망으로 충전하는 것이다. 무언가를 새롭게 시작한다는 것은 설레는 기쁨의 빛과 함께 고통스러운 그림자도 따르는 것이다.

세상은 노력 없이는 이뤄지지 않는다. 세상의 모든 것은 정당한 대가를 지불해야 얻을 수 있는 게 이치다. 인생에 지름길은 없다. 러시아속담 중에 '공짜 치즈는 쥐덫에만 놓여 있다.'고 한다. 세상에는 공짜가 없고, 심는 대로 거둔다. 여기에는 고통과 인내가 따른다. 공짜가 없는 세상에 살기 때문이다. 그림자가 있는 곳에는 반드시 밝은 빛이 있기 마련이다. 그림자는 그림자일 뿐인데, 앞에 있는 빛은 생각하지 못하고, 그림자만 보고 머뭇거린다. 그림자가 빛을 이긴 적은 없다.

비가 오지 않는 곳에는 무지개가 뜨지 않는다. 인생의 무지개를 경험하기 위해서는 먼저 비를 맞고 견디는 시간이 필요하다. 인생의 소나기 먹구름 뒤에는 언제나 변함없는 태양이 기다리고 있다. 삶이란 끝없이 고난을 마주하며 험한 길을 기꺼이 가야 한다. 어두운 터널도 끝이 있듯이, 그 불행을 해결할 수 있는 문은 어딘가에 열려 있다. 때로는 길이 보이다가도 없고, 없다가도 다시 열리는 것이 인생이다.

언제까지 계속되는 불행이란 없다. '행복 총량의 법칙'이라는 것이 있다. 인생을 살면서 누구에게나 같은 양의 행복이 찾아온다는 것이다. 불빛이 어둠 속에서 더욱 빛나듯이 희망은 시련 속에서 더욱 굳건해진다. 지금까지 고통스러운 일만 많았다면 앞으로의 인생에서는 불행보다 행복할 일이 더 많이 남았다. 희망은 인생의 사탕처럼 달콤하고 희망 없는 인생은 쓰다. 용기가 있는 곳에 희망도 있다. 흔들리지 않는 용기로써 내일을 향하여 한 걸음 한 걸음 앞으로 나아가면, 어둡고 습한 절망의 땅에도 희망의 새 길이 조금씩 조금씩 넓게 열린다. 희망의 꽃만이 희망의 열매를 맺는다.

도전의 가장 큰 걸림돌은 주저하고, 망설이는 것이다. 지나치게 신중한 사람은 결단을 내려야 하는 순간에도 망설이다 일을 그르친다. 어떤 일이든 사전에 안전하다는 것을 확인하기 위해서 망설이고 주저한다. '이미 늦었어', '남들이 어떻게 생각할까?' 등의 이루 헤아릴 수도 없이 많은 핑계와 변명거리를 찾는다. 막연하게 꿈만 꾸고, 계획만 세우다 세월을 보내기 일쑤다. 이 핑계, 저 핑계 대는 사이, 강산은 어느덧 백 년이 되고 말 것이다. 망설이는 만큼 갈 길이 늦어진다.

　세상에는 완벽한 여건이 없다. 뭐든 완벽한 날은 오지 않는다. 생각이 적으면 인생에서 실수를 한다. 그러나 생각이 너무 많으면 인생을 망친다. 계획하는 사이에 일이 벌어지는 게 인생이다. 너무 고르지 말아야 한다. 싸고 좋은 음식점을 고르려고 이곳 저곳 너무 찾다가 형편없이 맛 없고 비싼 집으로 들어간 경험은 누구에게나 있을 것이다. 준비가 완벽하게 될 때를 기다리기보다는 일단 부족해도 앞으로 나아가야 한다. 진정으로 꿈을 실현하기 위해 과감하게 도전할 수 있는 결단력과 용기가 있는 삶이 되어야 한다.

　지혜로운 사람은 일단 실행해보고 결과를 기다리지만, 어리석은 사람은 해 보지도 않고 걱정부터 한다. 용기를 내는 것은 '명사'가 아니라, 인생을 움직이는 '동사'라는 사실을 잊지 말아야 한다. 백 가지의 변명을 하느니, 한번 해 보는 것이 낫다. 생각만 하지 말고, 그냥 해 버려야 한다. 갈까 말까보다는 가고, 할까 말까보다는 하는 것이다. 많이 생각하고, 소심하게 굴기에는 인생은 너무나 짧다. 주저함과 망설임이라는 해충을 떨쳐 내고, 할 수 있는 데까지 해 보는 것이다.

젓가락이 반찬 맛을 모르듯이, 머리로만 생각하려 들면 세상을 절대로 알 수 없다. 아무리 좋은 생각을 했다 하더라도 도전하지 않으면 고민이 되고, 생각이 많으면 많을수록 고민도 커진다. 밤새워 고민한다고 해서 나아질 것이 없다.

시작은 가장 용기 있는 자만이 할 수 있다. 이제 돌다리 두드리기는 그만하고, 용기를 내는 것이다. 생각이 나지 않아서 못 하는 것이야 어쩔 수 없다 치더라도, 생각이 난 것도 미루다가 하지 못하는 것은 안타까운 일이다.

8
노년은
'나'를 찾아가는 여정

🌿

"성찰하지 않는 삶은 살 만한 가치가 없다."

(소크라테스)

나이를 먹은 만큼 세월이 주는 깨달음은 있을 수 있지만, 스스로 인생의 답을 새롭게 찾아야 한다. 나이가 들면서 반드시 알아야 하는 하나가 있다. 바로 자기 자신이다. 노년의 삶은 어디로 흘러갈 것인지 알 수가 없는 미로와 같다. 문제는 목적지에 얼마나 빨리 가느냐가 아니라, 그 목적지가 어디냐는 것이다.

나이가 들수록 인생의 종점이 가까워진 노년기 사람들이 끝없이 가던 길을 뒤돌아봐도 어디쯤 왔는지, 어디쯤 가고 있는지를 모르듯, 앞으로 어떤 길을 가야 하는지도 알 수가 없다. 그렇다고 주저앉을 수는 없다. 두려워해야 할 것은 느린 것이 아니라, '멈춤'이다.

노년의 생활은 오늘도 어제처럼 내일은 또 오늘처럼 그냥 지나간다. 세월에 무심코 끌려가는 대로 아무렇게나 사는 것이 아니라, 방향을 정해놓고 살자. 방향이 분명하면 앞으로 얼마나 오래 사느냐보다, 어디를 향해 가느냐 하는 지혜가 생긴다. 인생이라는 여행에서도 목적지로 가는 길부터 찾아야 한다. 누구나 가보지 않은 길을 간다. 그 길은 만들어져 있지 않다. 자신 스스로가 만들어 가야만 할 길이다.

젊은 시절에는 그냥 죽을 힘을 다해서 열심히 살아왔지만, 얼마 남지 않은 노년기에 중요한 것은 어느 쪽으로 향해 가고 있는가, 즉 방향이다. 앞으로 가는 길을 내가 알아야 삶을 더 행복하게 만들 수 있다. 노년이 되어 자기 자신의 내면을 바라보며 길을 찾아야 한다.

자신의 위치와 앞으로의 방향은 삶에서 잠시 벗어나야 알 수 있다. 화가가 가끔 거리를 두고 자신의 그림을 바라보듯이, 자신의 인생을 먼발치에서 바라볼 필요가 있다. 산의 전체 모양은 골짜기로 깊이 들어갈수록 알 수 없다. 그 산을 벗어나야 보인다.

이처럼 삶 속으로 깊이 들어갈수록 오히려 자신의 위치를 제대로 알 수 없고, 방향을 잃는다.

인생은 내가 '나'를 찾아가는 것이다. '나' 자신을 제대로 아는 것이 천하를 아는 것보다, 더 중요하다. 내 마음 안에 답이 있다. '나'를 만나지 못하는 사람은 길이 없다. 한 사람 한 사람, 각자의 삶이 결국 자기 자신에게 이르는 길이라면, 지금 이 순간 역시 '나'를 만나기 위해 나아가는 한 걸음씩의 과정이다.

가장 잘 알 것 같지만 가장 잘 모르는 것이 '자기 자신'이다. 내가 나를 잘 모르는 것이다. 자신을 돌아보면서 '자기 자신'을 찾는 것이 참된 지혜다. 이제라도 '나'를 제대로 알기 위해서 자기 자신을 솔직하게 들여다보는 진정한 '자신과의 만남'의 시간이 꼭 필요하다. 혼자 있을 때는 자신을 속이지 못하고, 정직해진다. 인생은 거울과 같으니, 비친 것을 밖에서 들여다보기보다 먼저 자신의 내면을 살펴야 한다. 이를 위해서 '나는 누구인가?'의 질문이 중요하다. 이 질문이 필요한 이유는 알지 못했던 진정한 나와의 만남을 통해서 자신의 존재를 찾는 방법이기 때문이다. 내 안의 '나'를 만나야 어떻게 살아가야 할지의 해답도 풀리기 시작한다. 그 해답을 찾는 그날이 모든 것이 바뀌는 순간이다. 이를 '터닝 포인트(turning point)'라고 한다. 터닝 포인트를 맞이하는 그날이 인생의 새 출발을 시작하는 날이고, 자기의 새로운 세상을 만들어 가는 날이 될 것이다.

　자신의 삶을 되돌아보고, 어느 정도에 와 있는지, 최종지점 라
인까지는 얼마나 남아 있는지 중간 점검을 위해서 우선 '내 안의
나'라는 씨앗을 찾는 과정이 필요한 시점이다. 이제까지의 시간
속에 녹아있는 내 모습, 내 생각, 내 감정 속에 '내'가 숨어 있다.
그 '나'를 찾아가는 여행이 자기성찰이다. 내가 '나'를 알게 되면,
나의 설 자리, 나아갈 길, 나의 분수, 나의 능력, 나의 형편과 처
지, 나의 책임과 본분을 제대로 알게 된다.
　삶은 정확한 정답을 주지 않는다. 공부를 해도 해답을 알려 주
지도 않는다. 지금뿐 아니라, 살아있는 동안 계속 그러할 것이다.
인생은 정해져 있는 길만을 가는 것이 아니다. 사람 사는 일에 무
슨 법칙이 있고 무슨 공식이라도 있는 것이 아니다. 높은 지위에
오르거나 돈을 많이 버는 것이 인생의 의미라고 생각하는 사람
도 있고, 배불리 먹고 따뜻하게 입으며 평생 아무 걱정 없이 살다
가는 것이 인생의 참 행복이라고 하는 사람도 있다. 무심히 떠가
는 뭉게구름을 보고, 어떤 사람은 꽃 같다고 말하고, 어떤 사람은
새 같다고 말한다. 보는 눈이 달라서가 아니고, 서로의 삶과 생각
이 다르기 때문이다. 서울 가는 방향을 물어보면 그 대답이 각자
의 위치에 따라서 제각기 다르다. 강원도에 사는 사람은 동쪽으

로, 부산에 사는 사람은 북쪽으로 가야 한다고 한다. 이처럼 사람은 저마다의 위치에 따라 생각과 느끼는 것이 다르다.

인생의 의미에 대하여 나름대로 답을 내기도 한다. 이래 생각하면 이렇고, 저래 생각하면 저렇기 때문이다. 삶은 각자의 생활 방식과 여건, 가치관이 다르고, 복잡하기 때문에 모든 사람들에게 맞는 교과서와 같이 절대적인 정답은 존재하지 않는다. 하지만 각자에게 적합한 인생을 잘 사는 명답은 자기가 쓰는 답이다.

한번 살다 끝나면, 영원히 끝나는 일회용 인생이다. 한번 지나간 시절을 다시 되돌릴 수 없기에, 결코 젊은 날로 돌아갈 수는 없고, 다시 한 번 더 살아볼 수도 없다. 살아온 삶이 아쉬울 수밖에 없는 이유는 그것이 다시는 재현될 수 없기 때문이다. 잠시만 있으면 또 과거가 되어버릴 지금 이 시간부터라도 앞으로 남은 삶을 진지하게 살아가는 것이 해야 할 일이다.

내가 원하는 것을 찾아 원하는 삶을 살아야 한다. 대부분의 사람들은 내가 원하는 것을 모를 확률이 높다. 그렇기 때문에 그것을 찾기 위한 충분한 생각과 시간이 필요하다. 시간이 조금 걸려도 좋다. 충분히 생각한 뒤에 그것을 꼭 찾아, 남은 나날이라도 좀 더 나답게 살 수 있어야 한다.

마음의 문의 빗장을 열고 스스로 자문해 봐야 한다. 캐묻지 않는 삶은 살 만한 가치가 없다. 그것이 사람이 사람답게 사는 길이다. '나는 누구인가?', '어디로 갈 것인가?' 스스로 묻고 묻고 간절하게 물어야 한다. 자신의 삶에서 내 안의 또 다른 나를 만나기 위해서 기어코 찾아내야 하는 시간이다. 해답은 그 물음 속에 있다.

이 세상에서 영원한 것은 아무것도 없다. 가는 것은 세월이 아니다. 시간 속에 사는 우리가 변하는 것일 뿐이다. 매일 보는 산도 봄, 여름, 가을, 겨울이면 그 풍경이 바뀌듯이, 세월에 따라서 우리도 바뀌고 있다.

우리가 살아가면서 주어지는 인연에 따라 자신의 역할과 정체성도 바뀐다. 학창시절에는 '학생', 직장에서는 '직장인', 군대에 가면 '군인', 결혼을 하면 '남편', 자녀가 생기면 '아버지', 자녀가 자식을 낳으면 '할아버지'로 바뀌게 된다. 인간은 끊임없이 새로운 환경에 직면하고, 무언가를 실천해야 한다.

여름과 가을에 입었던 옷으로는 겨울을 지낼 수 없다. 지난 역할의 틀에서 벗어나야 한다. 인생의 겨울을 보낼 수 있는 인생 계획이 필요한 것이다. 지금의 역할이 영원하기라도 한 것처럼 어디로 갈 것인가를 모르고서는 미래가 없다. 나이를 먹으면서 중요한 것은 새로운 길을 가는 데 필요한 '나는 누구인가?' 하는 질문을 통해 자신의 존재를 새롭게 정의하는 것이다. 바다를 보지 못했다고 바다가 사라지는 게 아닌 것처럼, 자신의 가치를 보지 못했다고 자신의 가치가 사라지는 것은 아니다. 분명히 어디선가 자신의 가치가 빛나고 있을 것이니, 스스로를 의심하지 말아야 한다.

9
내가 할 수 있는 것을
찾아 나서야 한다

"사람을 고귀하게 만드는 것은 고난이 아니라,

다시 일어서는 것이다."

(크리스티안 바너드)

자신이 있어야 할 자리에 있게 되면 명품이 될 수 있고, 아차 하는 순간에 폐품이 될 수도 있다. 자신이 할 수 있는 일에 힘을 쓰는 사람은 지혜로운 사람이며, 할 수 없는 일에 신경 쓰는 사람은 어리석은 사람이다.

자신의 능력으로 안 되는 것, 하기 힘든 것을 찾아내는 것이 아니라, 내 안에 잠재되어 있는 자신만의 강점을 살려서 내가 할 수 있는 것을 찾아 나서야 한다. 세상에 쓸모없는 물건이 없듯이 세상에 쓸모없는 사람도 당연히 없다. 신(神)은 어딘가 자신만이 할 수 있는 일을 마련해 놓았다. 그것을 찾아내야 한다.

세상에 잡초 같은 사람은 누구도 없다. 타고난 자질을 제대로 펴지 못하고 잡초처럼 살아가는 사람들이 있을 뿐이다. 단지, 뿌리내려야 할 자신의 '자리'를 찾지 못한 것이다. 벼가 밀밭에 나면 그것이 바로 잡초고, 벼가 보리밭에 나면, 그 역시 잡초가 된다. 물고기는 물을 만나야 숨을 쉬고, 맹수들은 산이 깊어야 하고, 지렁이는 흙이 있어야 살고, 나무는 썩은 흙이 있어야 뿌리를 깊이 내릴 수 있다. 같은 물이라도 찻잔에 담기면 깨끗해지고, 오물통에 담기면 더러워진다. 똥이 방에 있으면 오물이 되고, 밭으로 가면 거름이 된다.

세상에 천한 직업은 없다. 자신이 어디에 있어야 할지, 자신의 자리를 찾아야 하는 것이 중요하다. 자신의 있어야 할 곳을 찾아서, 그곳에 튼튼한 뿌리를 내려서, 아름다운 인생을 살아야 한다. 인생의 후반전에서 새 길로 나서기 위해 지금부터라도 자신을 점검하며 앞으로 남은 세월의 인생설계를 세워야 한다. 앞으로 살아가는 데 무엇이 중요한지, 어떤 모양과 색깔을 지니며 어떻게 살아가야 하는지를 되새겨 보아야 한다는 것이다.

우리의 인생은 우리가 생각하는 대로 만들어진다. 생각 없이 사는 것은 삶이 아니라. 생존일 뿐이다. 생존하는 것은 그렇게 중요한 일이 아니다. 어떻게 사느냐가 중요하다. '어떻게'라는 말이 가장 중요하다. 몇 년을 더 살지 생각 말고, 남은 인생을 어떻게 살 수 있을지를 생각해야 한다. 나이로 살기보다 생각으로 살아야 한다. 그렇지 않으면 사는 대로 생각하게 된다. 이제까지 성공적인 삶을 사는 데 도움이 되는 부분이 있었다면, 이 장점은 더욱 살려야 한다.

그렇게 인생의 후반전을 지낼 수 있으면 좋겠지만, 50대 이후의 재취업은 자신의 의지와는 상관없는 경우가 많다. 노년에는 '일하고 싶다'고 일자리를 구할 수 있는 것도 아니다. 찾아 나서지 않으면 일이 나를 찾아오는 경우는 드물다. 절실하게 찾아봐야 한다. 그 누구도 도와주지 않는다. 찾아보고 움직여야 다가갈 수 있다. 기회는 노크하지 않는다. 그것은 문을 밀어 넘어뜨릴 때 모습을 드러낸다. 앞으로 살아가는 데 필요한 새로운 것들이 있으면 과감하게 받아들여 배우는 노력을 해야 한다. 이와 반대로 이제까지의 삶에는 도움이 되었지만, 앞으로의 삶에는 쓸모없는 것이 있다. 이것도 과감하게 버려야 한다.

인생의 과정을 축구경기에 비유하면, 자신의 상황이 젊은 시절부터 오랫동안 익혀온 전문성을 살릴 수 있는 상황이라면 동일한 규칙으로 경기를 계속할 수 있는 후반전이나 연장전으로 판단하면 별문제가 없다. 반대로 축구에 재능이 없는데 어찌하다 보니 축구선수만으로 활동할 수도 있었다. 이제까지는 포지션이 공격수였지만, 특별히 뛰어난 공격수가 아니었을 수도 있고, 주변에 잘하는 공격수가 너무 많아 자신의 능력을 제대로 발휘하지 못했을 수도 있었다. 자신의 장단점을 정확하게 파악해서, 필요하면 지금과 다른 방식으로 혼자 경기를 하는 권투선수로 전향하거나, 경우에 따라서는 공격수에서 수비수로 포지션을 변경하는 것도 검토해야 한다.

직장 은퇴 후에 권투시합의 재능이 필요한 상황이라면, 이전 직장생활, 즉 축구경기에서 사용했던 재능은 아무짝에도 쓸모없어진다. 이제까지 직장생활의 축구는 11명이 함께 뛰면서 공을 사용해 발을 이용했던 게임이었다면, 권투는 혼자서 손을 사용하는 격투기다. 완전히 상황이 다르게 전개되는 것이다. 하지만 조금 망가졌다고, 제 기능을 할 수 없다고 무조건 버리는 것보다, 쓸모를 진지하게 생각해 보고 다른 용도로 사용하는 게 좋다. 바로 자신이 가장 잘할 수 있는 것을 찾아서 자신만의 강점으로 기르는 것이다. 구겨진 종이를 쓸모없는 종이라고 휴지통에 버릴 것인가, 아니면 용도를 찾아 잘할 수 있는 것으로 만들 것인가는 자신만이 선택할 수 있다.

<다시 꾸는 꿈>

하나의 꿈이 모든 것이 아니니라.

조물주가 내리시는 꿈들의 수는

내 꿈꾸는 밤의 숫자만큼이나 많을지니

사라진 어제의 꿈으로 인하여

내일의 꿈까지 포기할 이유가 무엇인가

(알프레드 테니슨)

제5장

구질구질하지 않은 노년을 위하여

1
자식은
노후보험이 아니다

🌿

"세상에서 가장 악성 보험은 자식이다"

(영국 속담)

자식 농사가 부모의 노년을 보장하던 시대는 지났다. 이제 자식은 노후보험이 아니다. 우리 사회의 기본 질서이고, 통념이었던 늙은 부모를 당연히 봉양하는 전통적인 미풍양속인 효도 사상이 변화하는 시대를 따르지 못하는 낡은 유물로 여겨지고 있는 것이다. 경제가 산업화되고, 가족주의가 사라지며 1~2인 가구 중심의 소가족화와 핵가족화의 과정에서 사회는 급물살을 타고 효도라는 개념은 사라져 버렸다. 또한 여성의 교육수준과 사회진출이 늘고, 사회규범과 제도가 변한 영향도 있을 것이다.

보건사회연구원의 '사회변화에 따른 가족 부양환경과 정책과제' 보고서에 따르면 '나이 든 부모부양을 누가 할 것이냐'는 설문에 '가족'이라고 답한 응답자가 1998년에는 89.9%였던 반면, 2018년에는 26.7%로 급격하게 감소하고 있다. 부모부양에 대한 가치관이 크게 변하고 있는 것이다. 까마귀도 어미가 늙어 힘 못 쓰면 먹이를 물어다 준다는 반포지효(反哺之孝)의 고사성어는 옛말에 지나지 않는 것 같다. 이러니 노인들은 편안히 자식들의 효도만 쳐다보고 있을 수 없게 되었다.

한 아버지는 열 아들을 키울 수 있으나, 열 아들은 한 아버지를 봉양하기 어렵다는 현실을 받아들여야 한다. 평균수명이 늘다 보니 모두들 부모 모시기를 힘들어하고 있다. 자식들도 제 앞가림하기 어려운 시대다. 청년실업 문제가 악화되면서 자녀들의 경제적 수준이 부모를 부양할 수준에 미치지 못하는 점도 있다.

형제간에 남이 되는 시초가 되는 갈등은 부모로부터 시작된다. 없는 노인이 병들면 자식들의 부담이 늘어난다. 이제 노년의 생계는 부모가 스스로 책임져야 한다. 부모가 자식으로부터 경제적으로 독립하지 못하면, 자식들 사이에 누가 부모를 어떻게 모시느냐 등 갈등의 씨를 남겨주는 꼴이 된다.

2
노년의
지혜로운 선택

"최고의 순간은 아직 오지 않았다."

(프랭크 시나트라)

우리는 눈을 감는 순간까지 수많은 선택의 갈림길 앞에서 살아간다. 삶은 선택의 연속이다. 식당에서 차림표를 보고 한참 고민한다. 심지어 집에서 밥을 먹을 때도, 어느 반찬을 먹을 것인지 고민한다. 이처럼 매일 먹는 음식도 무엇을 먹을 것인지, 길을 걸을 때도 어느 길로 갈 것인지, 한순간도 멈추지 않고 꼬리에 꼬리를 물고 끊임없이 선택에 놓이게 된다. 내가 선택한 길을 따라 흔들리며 비틀거리며 살아가는 것이 인생이다.

프랑스의 실존주의 철학자 '장 폴 사르트르'는 'Life is C(Choice) between B(Birth) and D(Death) : 인생은 태어날 때부터 죽을 때까지 선택의 연속이다.'는 명언을 남겼다. 이렇게 B에서 D로 가는 인생은 먼저 선택(choice)이라는 C를 통해 성공적인 삶의 기회(Chance)를 갖게 된다. 인생은 B에서 D로 끝난다고 하지만, 그 D도 죽음(Death)이냐 아니면 꿈(Dream)이냐 하는 것은 어떻게 도전하느냐에 달려 있다. B에서 D로 가는 입장에서 적극적인 삶과 소극적인 삶, 계획적인 삶과 무계획적인 삶 등의 선택 결과는 전혀 다른 인생을 만들어 주고 있다는 것이다.

선택은 언제나 새로운 시작이다. 옳은 선택은 기회로 이어진다. 어떤 계기로든 새로운 각오로 새롭게 시작하면 그 시간부터 새로이 태어나고 삶은 다시 시작된다. 과거로 돌아가 새롭게 시작할 수는 없지만, 현재로부터 새로운 미래를 창조할 수 있다. 주어지는 환경은 선택할 수 없어도, 내 마음의 자세는 선택할 수 있다. 중요한 것은 선택이 완벽하길 바라는 일이 아니라, 때로는 실수가 있더라도 후회하지 않고, 자신의 선택을 끌어안는 일이다. 다시 시작한다는 것은 자신이 생각하는 것보다 더 많은 것을 할 수 있기 때문이다.

얼마나 오래 살지는 선택할 수 없지만 얼마나 보람 있게 살지는 선택할 수 있다. 사람의 관점에 따라 해답이 다르겠지만 자유롭고, 여유 있고, 슬기로운 해방의 시기를 즐기며 사느냐, 슬픔에 잠겨서 우울하게 사느냐는 자신의 몫이고, 선택이다. 노년의 삶은 흥미진진한 모험이 될 수도 있고, 지루하고 단조로운 삶이 될 수도 있다. 자신의 선택에 따라 무한히 가치 있고 보람 있는 시간이 되거나, 아니면 정신적인 마비 상태의 시간이 될 수도 있는 것이다. 이는 스스로 선택하는 것이다. 그 선택에 따라 자신의 삶과 미래는 결정된다.

다시 시작하고 싶다는 마음을 마음 한구석에 생각만으로 간직한 채 다시 시작하지 못하고 있다. 하지만 지혜로운 선택으로 흐트러진 마음을 다시 추스르고, 이제 주어진 나머지 인생을 다시 시작해야 한다. 이미 지나간 시간의 그릇되어진 선택을 과감히 떨쳐버리고, 가장 중요한 일이 무엇인지를 판단하여 다시 시작하는 것이다.

흔히 사람의 운명을 운칠기삼(運七氣三)이라 한다. 하지만 운이 우리의 삶을 지배한다고 해도, 운도 열심히 사는 사람에게 찾아온다. 사실 모든 운명이 정해져 있다면, 그냥 앉아서 기다리기만 하면 된다. 하지만 운이 없다는 말은 공허한 사람들의 변명일 것이다. 행운은 그저 아무것도 하지 않는 사람에게 툭 떨어지는 것이 아니다. 아무 일도 하지 않으면 아무 일도 일어나지 않는다. 그게 진리이다. 감나무 아래서 감 떨어질 때를 기다리지 말고, 감나무를 흔들어야 감이 떨어진다. '하늘은 스스로 돕는 자를 돕는다'고 하는 것처럼, 눈이 녹기를 기다리는 것보다 눈을 밟아 길을 만드는 선택이 필요한 것이다. 그런 선택을 한 사람에게 하늘은 다시 한번 기회를 주신다.

3
자신의 묘비에
무엇을 쓸 것인가?

"훌륭하게 죽는 법을 모르는 사람은
한마디로 살았을 때도 사는 법이 나빴던 사람이다."

(토마스 풀러)

사람은 마지막까지 잘 아파야 되고, 잘 죽어야 한다. 그렇게 애써야 마지막에 어떤 모습으로 어떻게 죽을 것인지 결정할 수 있다. 잘 죽는 것이야말로 한 사람의 인생이 담긴 진짜 실력이다. 노년의 삶은 자신의 인생을 마무리하는 단계이기 때문에, 사람답게 죽음을 준비하는 기간이기도 하다. 그런데도 아무 준비도 없이 세상을 떠나는 사람들을 흔히 보게 된다. '잘 죽을 준비'를 시작해야 한다.

때때로 죽음을 생각하고, 앞으로의 삶의 계획이 필요하다. 죽음은 날이 저물고, 비가 오고, 바람이 부는 것과 같은 자연현상이다. 노년기는 삶과 죽음의 간이역이다. 간이역 정거장에서 출발하는 행선지를 확인하는 것이다. 죽음이라는 가슴 아픈 이별마저도 자연의 순리로 수용하면서 죽음으로 완성되는 삶을 인정하고 남아 있는 시간을 후회 없이 살아야 한다.

먼저 간 사람을 보면 인생에 죽음이 있다는 것은 분명한 미래의 사실이다. 남은 생을 어떻게 살아야 할지 의문이 생길 때면, 먼저 살았던 사람들로부터 명답을 얻는 방법도 있다. 가 보지 않은 길에 들어섰을 때, 앞서 그 길을 지나친 사람들이 전해주는 충고가 얼마나 소중한 것인지는 누구나 다 아는 사실이다. 그들이 알려 주는 조언을 듣고, 똑같은 후회를 반복하지 않도록 준비할 수 있다. 먼저 세상을 하직한 사람들의 유언이나 묘비에 쓰여 있는 죽음의 명언을 통해서다.

죽은 자는 말이 없지만, 그들이 생전에 염원하며 몸부림쳤던 자취는 세상에 건네는 마지막 인사로 남아 후세에 전해진다. 그러기에 우리는 죽은 자의 회한과 깨달음을 통해 어느 가르침보다 더 많은 것을 배울 수 있다. 새는 죽음을 당하면 그 소리가 슬프고, 사람은 죽음을 당하면 어진 말을 남긴다고 한다. 먼저 살았던 사람들이 숨이 멎으면서 남긴 유언과 검은 의식을 치르면서 세워지는 묘비가 그것을 말해 준다. 인생 2막을 설계하는 데 자신의 묘비를 작성(설계)해보는 것도 도움이 될 것이다. 자신이 죽은 후에 어떻게 기억됐으면 하는지, 묘비문을 생각하고, 앞으로 삶을 그렇게 살아갈 수 있도록 노력하는 것이다.

천하를 손에 쥐었던 알렉산더 대왕은 20살에 왕이 되어, 페르시아 제국을 정복하고, 이집트, 유럽, 아시아, 아프리카에 걸쳐 많은 땅을 정복하고 33세에 죽을 때, 떠날 때는 빈손으로 갔다는 것을 이 세상 사람들에게 알려 주기 위해서 "내가 죽거든 무덤 밖으로 양손을 꺼내놓아라. 부와 권세와 명예를 다 가졌으나, 죽을 때에는 빈손으로 간다는 것을 나의 모든 백성들에게 알게 하라"는 유언을 남겼다.

백년전쟁 때 영국의 태자였던 에드워드도 "지나가는 이여, 나를 기억하라. 지금 그대가 살아 있듯이 한때는 나 또한 살아 있었노라. 내가 지금 잠들어 있듯이 그대 또한 반드시 잠들리라."라고 묘비에 남겼다.

"우물쭈물하다가 내 이렇게 될 줄 알았다!(I knew if I stayed around long enough, something like this would happen!)" 이는 1950년에 95세의

146

나이로 임종을 앞둔 아일랜드의 극작가 겸 소설가인 버나드 쇼 (George Bernard Shaw: 1925년 노벨문학상 수상)가 직접 남긴 말로, 그의 유언을 그의 묘비에 적어 놓은 글이다. 자신이 하고 싶고, 해야만 하는 일들을 다 하지 못하고 '우물쭈물하다가 내 이럴 줄 알았지'라고 죽음에 임박하여 자신의 삶을 후회하고 반성한다는 것이다. 그가 말하고자 하는 묘비의 내용은 내가 하고 싶은 일이 있으면 머뭇거리지 말고 행동에 옮기라는 주문인 것이다.

4

10년 후의
모습은?

❧

"인간은 스스로의 선택에 의해, 자신의 모습을 만들어간다."

(사르트르)

"백미러만 보면서 운전하면 사고만 난다."

(토니 노나카)

사람들은 '10년만 젊었더라면 못 할 일이 없을 거라고', '10년 전으로 되돌아갈 수 있다면 지금처럼 살지 않을 거'라고 말한다. 가장 못난 짓은 지난날들을 돌아보며 '~했을텐데', '~할 수 있었는데', '~했어야 했는데'라고 말하는 것이다. 토니 노나카는 세계적으로 성공한 대부호 2,000여 명을 만난 후『왜 부자들은 자꾸 더 부자가 되는 걸까?』라는 책을 썼는데 여기서 이렇게 이야기 한다.

"'만일 그때' 그것을 했더라면 하고 후회만 하는 사람은 과거의 틀에서 벗어나지 못하고 평생을 가난하게 산다. 백미러만 보고 운전하면 사고가 날 수밖에 없으니까."

과거를 가지고만 사는 사람은 고난과 함께 불행한 인생을 마감한다. 지금보다 10년 전의 자신이 이런저런 이유로 보낸 하루들이 모여 10년이라는 세월의 결정체가 지금의 자신을 만들어 놓았다. 순간들은 별것 아닌 듯하지만, 짧은 순간들이 모여서 하루가 되고, 1년이 되고, 10년이 되고, 우리의 일생이 된다. 그날이 그날인 것 같더니 하루, 이틀, 한 달, 1년, 10년이 지나가 어쩌다 할배가 되어있다. 이런저런 이유로 보낸 하루들이 모인 50~70년이라는 세월의 결정체가 지금의 모습을 만들어 놓았다. 하지만 지금도 늦지 않았다. 지나간 10년 전은 돌아갈 수 없으니 접어두고 이제 자신에게 주어지는 시간들을 어떻게 보내느냐에 따라 10년 후, 더 나아가서 100세의 모습이 정해져 있을 것이다.

미래는 지금 내가 하고 있는 행동의 결과다. 지금 하는 행동이 미래를 말해 준다. 이제 주어지는 시간들을 어떻게 보내느냐에 따라 10년 후의 모습은 지금과 많이 달라져 있을 것이다. 10년 후에, '뭐라도 했어야 했는데~, 이렇게 했으면 좋았을 텐데~'라고 후회할 것 같은지 고민해보고, 그것을 지금 시작하는 것이다.

10년 후에 자신의 모습을 그려보면서, 운명의 주인이 되어 순간순간의 시간을 소중히 여겨야 한다. 인생은 하루하루 순간순간 조금씩 쌓아가면서 축적되는 것이다. 진인사대천명(盡人事待天命: 사람이 할 수 있는 일을 다 하고서 하늘의 뜻을 기다림)의 마음으로 순간순간 최선을 다한 뒤에 최후에는 하늘의 뜻을 받아들이는 자세가 필요하다. 하루를 사는 일을 평생을 사는 일처럼 길게 멀리 보면서, 마지막처럼 정성을 다하는 것이다.

언젠가 끝나고, 잊혀지는 인생이라고, 그저 의미 없는 삶을 살 수는 없다. 인간에게 정말 중요한 참된 가치들을 추구하며 살겠다는 다짐이 필요하다. 남은 인생에서 자신의 사명이 무엇인지 깊게 생각하고, 세속적으로 성공한 사람이 되려 하지 말고, 가치 있는 사람이 되어야 한다.

어제와 오늘의 자신의 모습을 거울에 비추어 보면 늘 똑같은 그 모습일 뿐, 변했다는 차이를 느끼지 못하지만, 학창시절 때 찍은 사진과 머리카락이 희끗희끗 반백이 되어있는 최근의 사진을 비교해 보면, 많이 변해 있는 모습을 발견할 수 있다. 나이 든 자신의 모습을 받아들이는 것이 고통스럽다. 자신의 얼굴에 주름이 하나, 둘 늘어난 모습에 놀라기도 한다. 특히 연령대가 많을수록 빠르게 변해가는 자신의 모습을 실감한다.

얼굴은 '얼이 사는 굴'이라는 뜻이다. 20대의 얼굴까지는 부모님이 만들어 준 자연의 얼굴이지만 40대부터는 스스로 만드는 얼굴이다. 사람은 생긴 대로 사는 것이 아니라, 사는 대로 생기는 것이다. 얼굴 자체가 삶의 스펙인 것이다. 그런 의미에서 얼굴은 그 사람의 역사이며, 살아가는 현장이며, 자신의 인생 공적을 알려주는 성적표이다. 주름, 상처, 흰머리, 그 모든 것들은 지금까지 이 세상을 치열하게 살아왔다는 기록의 증거이고, 이제까지 이룬 모든 것들에 대한 진정한 모습이다. 얼굴 표정은 지금 이 순간에도 만들어지고 있다.

5
변화가 없으면,
기회도 없다

🌿

"탈피하지 못한 뱀은 죽는다."

(요한 W.V. 괴테)

100세 시대를 처음으로 맞이한다. 가장 혼란스럽고 감당하기 어려운 시기일 수도 있다. 은퇴 후 아무 걱정 없이 편안한 노년의 생활은 이제 옛말이 됐다. 아무리 노후설계를 잘해도, 남은 노년의 시간을 버티기에는 역부족인 시대가 된 것이다. 그래서 더 고민이다. 이제는 인생 2막 준비가 선택이 아닌 필수가 되었다.

변화의 주체가 되지 않으면 시간이 흐를수록 새롭게 변하는 세상 앞에서 삶의 주인공이 아니라 관람석에 앉아 자신의 삶을 구경하는 관람자로 머물게 된다. 항상 변화하고 노력하는 사람은 어제보다 나은 오늘, 오늘보다 나은 내일을 살 수 있다. 더 나은 하루하루를 살아가는 사람의 시간의 흐름은 노화가 아니라 발전이다. 살아남는 것은 가장 강한 종도, 가장 똑똑한 종도 아니고 변화에 가장 잘 적응하는 종이다. 빌 게이츠는 자신의 비결을 두고 "나는 힘이 센 강자도 아니고, 두뇌가 뛰어난 천재도 아니다. 날마다 새롭게 변했을 뿐이다"라고 하였다.

고여 있는 물은 썩기 마련이다. 졸졸 쉴 새 없이 흐르는 시냇물은 썩지 않듯이, 낡은 생각으로부터, 울타리로부터 벗어나야 새롭게 시작할 수 있다. 유교 경전인 사서삼경 중에서 대학(大學)의 "일일신(日日新) 우일신(又日新): 새로운 삶을 살려면, 나날이 새롭게 하고, 또 날로 새롭게 한다"는 구절의 삶이 필요하다.

새 술은 새 부대에 담아야 한다. 마음도 몸도 끊임없이 새로워져야 한다. 100세 시대의 창의적 노화는 지금까지의 삶에서 굳어진 인식, 습관, 통념이 주는 편안함을 거부하고, 새로운 경험을 마다하지 않는 것에서부터 시작할 수 있다. 세상에서 가장 어려운 일은 세상을 바꾸는 것이 아니라, 자신을 바꾸는 것이다. 변화는 두렵기 마련이다. 두려움을 안고 도전부터 해봐야겠다는 용기가 필요하다. 도전하는 삶이 아름답다. 지는 꽃은 또 피지만 꺾인 꽃은 다시 피지 못한다. 계란은 스스로 껍질을 깨고 나오면 병아리로 부활하지만, 남이 깰 때까지 기다리면 '계란후라이'밖에 안 된다. 남이 깨뜨릴 때까지 기다린다는 것은 비참한 일이다.

지금까지 자신을 얽매이게 하던 그릇된 습관, 생각, 허물을 벗어버려야 생존한다는 자연계의 교훈은 '뱀의 껍질 벗기'의 사례에도 있다. 들이나 산에서 뱀이 벗어 놓은 껍질을 흔히 보게 된다. 껍질을 벗는 것은 뱀이 살아남기 위한 방법이다. 뱀이 독이 든 쥐를 먹거나 피부에 상처를 입은 경우 껍질을 벗지 못하는 병에 걸린다. 그렇게 되면 자기 껍질에 갇혀 죽게 된다. 뱀에게 '껍질 벗기'는 생존에 직결되는 중요한 문제이다. 이를 우리의 삶에 비유하면 그동안 살아오면서 익숙해져 있는 마음의 껍질, 습관의 껍질, 때로는 사고방식의 껍질을 벗어나야 살아남을 수 있다는 것이다. 변화에서 가장 힘든 것은 새로운 것을 생각해내는 것이 아니라 이전에 가지고 있던 틀에서 벗어나는 것이다.

양들은 겨울이 오기 전에 스스로 생명을 보호하기 위해서 양털을 깎는다. 털을 깎지 않은 양은 털을 믿고 자만하다 자칫 추운 겨울에 얼어 죽기도 한다. 하지만 털을 깎은 양은 추위를 견디기 위해 부지런히 움직인다.

솔개는 가장 장수하는 조류로 알려져 있다. 최고 70년까지 수명을 누릴 수 있다고 알려졌지만, 이렇게 장수하려면 40년이 되었을 때 매우 고통스럽고 중요한 결심을 해야 한다고 한다. 솔개에게는 두 가지 선택이 있을 뿐이다. 그대로 죽을 날을 기다리든가 아니면, 약 반년에 걸친 매우 고통스러운 갱생과정을 거쳐 다시 사냥할 수 있도록 변신하는 것이다. 갱생의 길을 선택한 솔개는 산 정상 부근으로 높이 올라가 그곳에 둥지를 짓고 머물며, 먼저 부리로 바위를 쪼아 부리가 깨지고 빠지게 한다. 그러면 서서히 새로운 부리가 돋아난다. 그런 후, 새로 돋은 부리로 발톱을 하나하나 뽑아낸다. 새로 발톱이 돋아나면, 이번에는 날개의 깃털을 하나하나 뽑아낸다. 이렇게 약 반년을 지나 새 깃털이 돋아난 솔개는 새로운 모습으로 변신하게 된다. 그리고 다시 힘차게 하늘로 날아올라 30년의 수명을 더 누린다는 것이다. 모든 변화에는 고통이 따른다. 뼈를 깎는 고통을 이겨내야 30년을 더 살 수 있는 솔개를 보면 우리는 어떻게 준비하고 변신해야 하는지를 알 수 있다.

생각하는 사람만이 살아남는다. 생각 없이 사는 것은 삶이 아니라 생존일 뿐이다. 같은 행동을 반복하면서, 다른 결과를 기대할 수는 없다. 변화가 필요하다고 느낀다면 지금과는 다른 방식으로 살아보려는 노력이 필요하다. 이와 반대로 차일피일 미루고 외면하면, 지금 상태에서 한 발자국도 앞으로 나가지 못하고 오히려 도태와 퇴보라는 원치 않는 선물이 찾아올 것이다.

이미 갖고 있는 것들을 떨쳐버리지 못하고 그대로 지니고 있다면, 새로운 것을 받아들일 수 있는 마음의 여유 공간이 생기지 않는다. 자신의 인생 여정에서 불요불급한 사안이 무엇인지 가려내는 혜안으로 냉철하게 포기하고 가지치기를 해야 한다. 이는 결코 소극적인 삶이 아니라 지혜로운 삶의 선택이다. 필요 없는 것은 비우고, 새로운 것으로 다시 채워야 한다. 비워내지 않고 채우려고만 한다면 오히려 그것은 짐이 된다.

이제까지 살아오던 방식대로 살겠다면 모를까, 그렇지 않다면 그것들과 작별할 수 있어야 한다. 버리고 비우지 않고는 새것이 들어설 수 없다. 버린다는 것은 결코 잃는 것이 아니다. 버려야 채울 수 있고, 떠나보내는 아픔이 있어야 다시 맞을 수 있는 기쁨이 있는 것이다. 주먹을 꽉 쥔 손과는 악수를 할 수 없다.

가장 많은 음식을 담을 수 있는 것은 큰 그릇이 아니라 빈 그릇이다. 그릇은 비어 있어야만 무엇을 담을 수 있다. 옷장에 새 옷을 넣기 위해서는 우선 입지 않는 헌 옷을 버려야 한다. 칠판에 무언가를 쓰기 위해서는 이미 쓰여 있는 것을 먼저 지워야 한다.

이렇듯 우리의 삶도 뭔가를 정리하면서 버릴 줄 알아야 한다. 채우는 것부터 하는 것이 아니라, 버리는 것이 먼저다. 이것은 삶의 원칙이다. 어린 시절 집짓기 놀이를 하면서 '헌 집 줄게, 새집 다오' 하듯이, 헌 마음을 버리면 새 마음이 들어온다.

6
생각을 바꾸면,
인생이 달라진다

❧

"사람은 마음가짐을 바꿈으로써 인생을 바꿀 수 있다."

(윌리엄 제임스)

사람의 인생은 하루 종일 무슨 생각을 하는지에 달려 있다. 지금의 내 모습은 나 자신의 생각에서 비롯된 것이다. 내일 다른 위치에 있고자 한다면, 자신의 생각을 바꿔야 한다. 밝은 삶과 어두운 삶은 자신의 마음이 밝은가 어두운가에 달려 있다. 그것이 우주의 법칙이다. 우주의 기운은 자력과 같아서, 어두운 생각을 지니고 있으면, 어두운 기운이 몰려온다. 그러나 밝고 긍정적인 자기암시를 통해 긍정적이고 낙관적으로 살면, 밝은 기운이 밀려와 삶을 밝게 비춘다고 한다. 우리가 하루에 생각하는 5만 가지 생각 중에서 실제로 많은 사람들이 4만 9천 가지 이상의 부정적인 생각을 한다는 것이다. 하지만 부정적인 것에 긍정의 점을 찍거나 거꾸로 생각하면, 절망이 희망으로 바뀐다.

'빚'이라는 글자에 점 하나를 찍어보면 '빛'이 된다. 암에 걸렸을지라도 '고질병'이라고 생각하는 사람에게 치유율은 38%에 그치지만, 점 하나 붙여서 '고칠 병'이라고 믿는 사람의 치유율은 70%까지 올라간다는 통계가 있다. '자살'을 거꾸로 읽으면 '살자'가 되고, '역경'을 거꾸로 읽으면 '경력'이 되며 '지금' 하지 않으면. 나중에는 '금지(禁止)'당할 날이 오게 되어 있다. 불가능한 것도 한순간 마음을 바꾸면 모두 가능하다. 불가능이라는 뜻의 Impossible이라는 단어에 점 하나를 찍으면 I'm possible이 된다.

부정적인 것에 긍정의 점을 찍었더니 불가능한 것도 가능해지는 것이다. 'Dream is nowhere.(꿈은 어느 곳에도 없다)'가 띄어쓰기 하나로 'Dream is now here.(꿈은 바로 여기에 있다)'로 바뀐다. 오로지 마음가짐 하나를 바꾸면 된다. 희망의 꽃은 내 마음에 달려 있는 것이다.

change(변화)의 g를 c로 바꾸면 chance(기회)가 되는 것처럼 변화 속에 기회가 있다. 물론 마음가짐의 차이가 항상 좋은 결과로

이어지는 것은 아니다. 마음 하나 바꾸는 것으로 모든 결과가 바뀌지는 않는 것이다. 중요한 것은 그 다음이다. '이것이 될까?'라고 생각하고 하는 것보다 '이것은 된다!'라고 긍정적으로 생각하고 하는 것이 훨씬 결과가 좋았다.(좋은 결과가 나온다) '어떤 일이든 할 수 있다'고 생각하고 덤비는 것과 '할 수 있을까?'라고 생각하고 덤비는 것은 엄청난 차이를 만들어 낸다. '할 수 있다!'고 생각하는 순간 방법을 찾게 되고, '할 수 있을까?'라고 생각하는 순간 핑계를 찾게 된다.

　앞으로. 남은 인생의 순간에도 머릿속 생각은 수많은 '?'와 '!' 사이를 왔다 갔다 할 것이다. 물론 결과는 알 수 없지만, '할 수 있다!'는 자신감이라는 무기와 긍정적인 마음가짐으로 일을 하면, 일의 결과에 커다란 차이가 생긴다. 캐서린. A. 샌더슨의 저서 『생각이 바뀌는 순간』에서는 긍정적으로 사고하는 방식을 알게 되면 어떤 어려움 속에서든 나의 행복과 건강, 심지어 수명까지도 지켜낼 수 있다고 했다.

제6장

노년의
홀로서기

모든 것에는
존재 이유가 있다

❦

"인생이 주는 최고의 상은 할 만한 가치가 있는 일에서,
온 힘을 다할 기회이다."

(시어도어 루스벨트)

나의 존재가 무엇이며, 왜 살며, 앞으로 무엇을 어떻게 해야 하고, 어디로 가야 하는지 모르고, 살 때가 많다. 어디로 가서 무엇을 하여야 할지를 모르는 삶은 허무함만이 존재한다. 인간은 삶의 존재 이유가 있다면 모든 것을 견딜 수 있지만, 반대로 존재 이유가 없다면 피폐해질 수밖에 없다. 정말로 해서는 안 될 일은 자신을 쓸모없는 존재라고 생각하는 것이다. 자신을 함부로 비

하하면 안 된다. 노년을 자신의 주인으로 살아가기 위해서는 자신의 주체성, 존재성, 존엄성, 자존감을 지키는 것이 출발점이다.

모든 것에는 존재 이유가 있다. 신(神)은 목적을 갖고 피조물들을 이곳에 있게 했다. 그 목적을 외면하지 말아야 한다. 배는 정박해 있을 때가 가장 안전하다. 하지만 그것이 선박의 존재 이유는 아니다. 선박의 존재 이유는 파도를 헤치며, 무언가를 실어야 하고, 움직여야 하고, 나아가야 하는 것이다.

운전면허증은 운전을 하는 데 반드시 필요해서 존재하다. 하지만 세상에서 가장 안전한 운전면허증은 장롱에 틀어박혀 있는 장롱면허증이다. 이는 운전면허증 본연의 역할을 하지 못하는 쓸모없는 면허증에 불과하다.

죽을 날만 기다리면서 무료하게 지냈던 약간의 치매기가 있는 94세의 노모가 혼자 사는 집에 73살의 아들이 함께 살게 되었다. 늙은 아들과 함께 살면서부터 치매 증세를 보였던 노모의 건강 상태가 급격히 회복되기 시작했다. 노모는 아들을 위해 매일 삼시 세끼 식사를 준비해 주면서, 삶의 의미를 갖는 자신의 존재 이유를 찾았기 때문이다. 늙은 아들이 들어오면서, 비로소 자신의 존재 이유를 발견한 것이다. 아무리 늙은 사람이라도 나름대로의 쓰임을 지니고 있다는 뜻이다. 그만큼 삶에서 존재 이유는 중요한 의미를 갖고 있다.

이제까지는 무언가를 가지려 하는 소유(to have)를 위한 행동(to do)에 초점이 맞춰져 있었다면, 이제부터는 자신의 존재(to be)를 찾아가는 여정이 필요하다. 덜 가지고도 더 많이 존재할 수 있어야 삶의 보람을 거두게 된다.

2
노년의
홀로서기

🌿

"궁핍할수록 더욱 견고하여지며,

늙을수록 더욱 강해져야 한다."

(후한서)

　노년의 품격을 잘 유지하는 것은 홀로서기를 잘하느냐 못하느냐에 달려있다. 자신의 일을 스스로 해결하고, 책임지면서 미래를 내다보며 준비하는 태도가 바로 홀로서기다. 늙을수록 추한 모습을 보이지 않기 위해 혼자 지내는 버릇을 키우고, 무슨 일이든 자신의 힘으로 할 수 있도록 홀로서기 의지와 능력을 키우는 것이 노년을 대비하는 일이다.

늙음을 슬퍼하지 말고 혼자서 모든 것을 스스로 인내하며 모든 것을 알아서 해야 한다. 장수사회에서 홀로서기 능력은 노년을 대비하는 중요한 요소다. 홀로서기는 바로 '혼자라도 할 수 있는 힘'이고, 독립심을 키우는 생존기술이다. 노년의 홀로서기는 주어진 시간을 잘 즐기고 생산적으로 활용하고 키워가는 힘이 된다. 무슨 일이든 스스로 해결하는 습관을 가져야 한다.

고추, 토마토, 오이 등도 모종을 해서 홀로 세워 줘야 잘 자라고 열매도 맺는다. 노년기의 홀로서기도 이와 같다. 산에 사는 작은 짐승들도 제 먹을 것을 미리 준비해 두고 겨울을 지낸다. 준비 안 된 짐승은 굶어 죽고 얼어 죽게 된다. 짐승도 늙어 죽을 때까지 제 입 챙겨 사는데, 하물며 만물의 영장인 인간으로서, 제 살 것이 스스로 준비가 안 되는 늙은 인생은 서럽다는 것이다.

남이 '해주는 것'에 기대는 자세는 유아의 상징이다. 자신의 노년은 그 어느 누구도 대신해 주지 않는다. 끝까지 잘해 줄 사람은 자기 자신밖에 없다. 다른 사람을 의지하는 것은 절대 금물이다. 아무리 같은 핏줄의 자식이라도 자신의 인생을 가족에게 너무 의지하지 말아야 한다. 가족에게 애원하지 말고, 누군가 알아서 해주기를 바라지 말고, 스스로 살기를 도모한다는 뜻의 각자도생(各自圖生)이라는 말이 있듯이 능동적인 자세로 당당하게 혼자만의 삶을 선택해 인생의 황혼기를 만끽해야 한다. 그런 점에서 혼자 지내는 홀로서기 연습이 필요하다.

홀로 즐기는 연습을 통해서 익숙해지면 외로울 시간이 없다. 세월이 흐르고 해가 바뀔 때마다 나이야 먹겠지만, 혼자를 즐길 줄 아는 노년은 몸과 마음이 건강하다. 홀로서기를 제대로 할 때 진정한 나를 발견할 수 있고 자유를 느낄 수 있다.

사람은 본질적으로 홀로일 수밖에 없는 존재다. 인생은 오는 길이 '혼자'였듯이 가는 길도 '혼자'다. 함께 살던 가족이 세상을 떠나는 때가 찾아온다. 그저 인생의 일부를 함께할 뿐이다. 의지하던 친구마저도 한 사람 두 사람 줄어든다. 설혹 살아 있더라도 건강이 나빠져서 함께 지낼 수 없는 친구들이 늘어난다. 결국 혼자서 살아가야 한다. 아내를 잃을 경우에 자립할 것을 염두에 두고, 남자가 나이 들어 혼자 밥 짓기, 설거지, 빨래, 청소 같은 집안일을 모두 자신의 손으로 해결해 나가는 방법을 익히는 것이 필요한 것이다.

3
다시
일어서야 한다

"비관론자는 매번 기회가 찾아와도 고난을 본다.
낙관론자는 매번 고난이 찾아와도 기회를 본다."

(처칠)

인생은 항상 돌고 돈다. 흐린 날이 있으면 맑은 날이 있다. 영원히 성공만 하는 인생도, 영원히 실패만 하는 인생도 없는 것이다. 좋은 일만 있을 수 없고, 슬픈 일만 있을 수 없는 그것이 바로 삶이고 인생이다. 항상 잘되던 사람도 어려움이 생기기 마련이고, 지금 너무 힘들고 어려워도, 반드시 꿈을 꾸었던 그날이 언젠가 올 수 있다. 인생은 수고를 많이 하지 않은 자에게 결코 혜택을 베풀지 않는다. 노력하는 사람에게 행운이 찾아온다.

어둠이 없다면, 찬란한 별도 빛을 잃고 말 것이다. 어둠이 짙을수록 달빛은 밝고, 태양이 뜨거울수록 바람은 시원하다. 폭풍의 먹구름이 지난 뒤에는 하늘이 맑게 개듯이, 아무리 기구한 사연도 지난 뒤엔 화창한 무지개가 떠오른다. 먹구름의 폭풍이 없으면, 무지개도 없다. 인생에도 험준한 고개가 있으면, 힘들이지 않고 내려갈 수 있는 내리막길도 있기 마련이다. 인생 항로의 파도는 높고, 폭풍우가 몰아쳐 배가 흔들려도 한고비를 지나면, 순항의 고요한 뱃길이 꼭 찾아온다. 구름 뒤 태양은 다시 뜨고 고요한 뱃길 순항의 내일이 꼭 찾아온다.

우여곡절이 없는 인생은 어디에도 없다. 순풍에 돛을 단 듯 순조로운 평지를 걷다가 예기치 않았던 장애물을 만날 수도 있다. 중간에 방향을 잃어 헤매기도 하는데, 그 속에서 좌절과 실패를 경험하면서 한숨과 실의에 빠지기도 한다.

살아가면서 평탄한 길만 가면 좋겠지만 그렇지 않은 게 대부분이다. 흔들리지 않고 피는 꽃 없고, 굴곡 없이 가는 삶은 없다. 때로는 비를 맞으며 혼자 걸어가야 하는 것이 인생이라는 사실을 기억해야 한다. 비록 지금은 어려운 일을 겪는다고 해도 이것은 영원히 지속되지 않는다. 힘들고 지치고 아프고 누구에게나 있을 법한 상황들은 모두 다 지나간다. 세상일은 풀려가는 순서가 있고 순리가 있다.

옥에도 티가 있듯이, 세상에 완벽한 사람은 존재하지 않는다. 다 부족하다. 완벽한 것은 사람이 아니다. 있다면 오직 신(神)뿐이다. 신에게서만 찾을 수 있는 것이 없다는 이유로 세상을 원망하며 세상과 싸워 봤자, 자기만 상처받는다. 인생은 살아가는 것이 아니라 살아 내는 것이다. 진정으로 힘든 시기를 이겨 낸 사람이 재능이 뛰어난 사람보다 훌륭하다.

누에가 나오는 것이 힘이 드는 것 같아서 가위로 구멍을 넓게 해주었더니, 그 누에가 쉽게 나오기는 했지만 날지도 못하고 죽어 버린다. 힘들게 나오지 않았기 때문에 날개에 힘을 얻지 못하고 죽고 만다는 것이다. 우리의 삶도 마찬가지다. 그저 쉽게 얻어지는 것은 오래가지 못한다.

실패는 성공을 위한 과정의 자양분이며, 성공의 도구다. 실패는 '실을 감는 도구'를 뜻하기도 한다. 실타래에 실을 감을 때 엉키지 않고 성공적으로 감으려면 실패가 반드시 필요하듯 실패는 '성공의 도구'다. 실패는 잘하려는 연습일 뿐이고, 우리는 어려울 때 가장 많이 성장한다. 고난을 거듭할수록 지혜는 쌓이고 강해진다.

지금에 와서 지나온 삶을 후회만 하고 있을 수는 없다. 모든 역경의 한가운데에는 기회라는 섬이 있다. 이제까지 실패했다고, 미래의 삶도 실패하는 것이 아니다. 그때는 그랬고, 지금은 다르다. 그냥 운이 좀 좋지 않았을 수 있었다. 주변 환경 외의 다양한 요인이 영향을 주었음을 알게 되는 순간, 비로소 문제의 원인을 다각도로 살필 수 있게 된다. 그렇게 열린 마음일 때 진짜 해법을 찾을 수 있게 된다.

넘어진 것은 잘못이 아닐 수 있지만, 일어서지 않는 것은 잘못이다. 그 역경의 경험을 디딤돌로 삼아, 넘어질 때마다 거듭나는 것이다. 경험은 돈으로는 계산할 수 없을 만큼 귀중한 것이다. 경험은 같은 실수를 되풀이할 때 그것을 깨닫게 해주는 놀라운 것이다. 지나간 실패의 경험으로 후회와 아쉬움에만 빠져 있다면, 그릇된 선택을 다시 한번 되풀이하는 일이 된다.

이미 내 손을 떠나간 것들에 대해서 미련을 갖기보다는 새롭게 시작하는 것이 더 나을 수 있다. 때로는 다시 시작하는 것이 막힌 길을 열어주고, 나를 더 단단하게 만들어 줄 것이다. 인생에서 가장 큰 실패는 성공을 안 하는 것이다. 기회의 문은 먼저 열어 달라고 해야 열리는 문이다. 누구도 과거로 돌아가서 새롭게 시작할 수는 없지만, 지금부터 시작해서 새로운 결실을 볼 수는 있다.

사람을 고귀하게 만드는 것은 고난이 아니라, 그 고난을 징검다리로 삼아 다시 일어서는 것이다. 고통스러운 현재는 영원하지 않다. 뒤를 돌아보지 말아야 한다. 그것에 발목을 잡혀서는 안 된다. 생각할수록 끝없이 불어나는 눈덩이와 같은 부정적인 생각을 스스로 단호하게 멈춰야 한다.

세상에 쉬운 것은 하나도 없다. 우리 삶에서 그 어떤 것도 노력 없이 이뤄지는 일은 없다. 지금은 내리막 인생이라 할지라도, 오르막 인생의 대비를 위해서 올라갈 준비를 해야 한다. 재출발이 없는 인생, 그런 인생은 지옥 중의 상지옥이다. 시도해보지 않고는 누구도 자신이 얼마만큼 해낼 수 있는지 알지 못한다. 끝까지 어두운 생각을 하지 말고 마음을 닫지 말아야 한다. 대문을 열면 도둑이 들어오지만 마음을 열면 기회와 행운이 들어온다. 캄캄한 골방으로 들어가지 말고 햇빛 찬란한 밖으로 나와야 한다.

4
새로운 길의
도전

"나이가 들수록 해보지 않았던 것에 대해서만
후회한다는 것을 발견하게 될 것이다."

(재커리 스코트)

쥐고 있던 일거리를 놓고 뒷방 구석으로 쓸쓸하게 밀려나는 현상을 '은퇴'라는 고급스런 낱말로 포장하지만, 뒤집어 보면 처절한 고독과 단절이 그 속에 숨어 있다. 그래서 은퇴는 더 서러운 것이다.

은퇴 후 어떻게 살 것이냐 하는 문제다. 직장에서 근무할 때는 직장의 브랜드로 살아간다. 직장을 나오는 순간에 그게 사라진다. 직장의 명함이 사라지면서, 자신을 증명할 수 있는 정체성이 사라지면서, 수많은 절망을 느끼고 포기한다. 현실은 벅차기 때문이다.

또 하루가 가고 내일은 또 오고 반복되는 일상이 무료하고, 지나간 시간이 서글프고, 잃어버린 꿈들을 떠올리면서 아무것도 할 일이 없다는 것은 오직 늙어 죽기만을 기다리는 죽은 송장과 같다. 어느 정도 경제적인 여유와 건강이 허용되어 소일거리가 없다면 사는 게 무의미해진다. 죽는 날까지 산송장이 안 되려면, 무슨 소일거리의 일이든, 만들어서 움직여야 한다.

우리나라에서는 일하는 노년층을 경제적으로 궁핍하다고 여기는 등 부정적으로 생각하는 경우가 아직 많다. 하지만 노인에게 일은 삶의 질을 결정하는 중요한 요소다. 오래오래 건강하게 살기 위해서도 몰입할 대상과 에너지가 있어야 하는 것이다. 사람이 죽는 날까지 삶을 지탱해 주는 것은 '일'이다. 무언가 할 일이 있는 것, 그것이 곧 삶이다. 자신의 불행을 생각하지 않게 되는 가장 좋은 방법은 일에 몰두하는 것이다. 어떤 소일거리든지 만들어서라도, 일을 하며 움직여야 한다. 일이 있어야 나태하지 않고, 생활의 리듬도 있고, 삶의 보람도 느끼며, 건강도 유지된다. 하루하루 할 일이 있으니, 세상을 떠나는 날까지 행복할 것이다.

노년의 일은 돈을 벌기 위한 것만이 아니다. 젊은 시절에 세속적인 성공의 기준이 되는 재물, 권력, 명예를 위한 것이 아니다. 재물에 집착해서 돈을 많이 벌겠다, 더 높은 직위에 오르겠다 등의 자신이 통제할 수 없고, 헛된 욕망을 충족시켜 주는 일과는 혼동하지 말아야 한다. 나이 들어서도 이 사회에 선한 영향을 미치고, 가치 있는 건강한 욕망을 충족시킬 수 있는 소일거리를 말하는 것이다.

살면서 무언가 몰입할 수 있는 소일거리가 있어야 목표가 생기고 하루하루가 새로워지는 법이다. 노년기에 일을 하는 것은 먼저 자신의 몸과 마음을 건강하게 하기 위해서 필요할 뿐만 아니라, 무언가 사회적으로 기여하기에 보람 있는 노년을 보내는 데도 도움이 된다. 자신의 성장과 발전에 몰입할 수 있으면서 남을 도울 수 있는 소일거리가 있어야 한다. 이와 같은 건강한 욕망도 없다면, 인생도 꺼져 버린다.

이런 준비를 위해서 취미생활도 도움이 된다. 가장 보편적이고 돈이 적게 드는 건전한 취미는 독서, 음악감상. 서예, 그림 그리기, 등산, 영화감상, 미술관 순례 등이다. 이런 생활도 하루아침에 되는 것은 아니다. 취미생활도 구체적인 것이어야 하고, 목표가 분명해야 하는 '전문적인 준비'가 필요하다. 미리미리 긴 시간을 두고 준비하며 적응할 수 있도록 노력해야 일상생활에 자리 잡을 수 있다.

5
모든 것은
때가 있다

🌿

"때를 놓치지 말라. 이 말은 인간에게 주어진 영원한 교훈이다.

그러나 인간은 이것을 그리 대단치 않게 여기기 때문에

좋은 기회가 와도 그것을 잡을 줄 모르고 때가 오지 않는다고

불평만 한다. 하지만 때는 누구에게나 오는 것이다."

(앤드류 카네기)

기회는 기다려 줄 거 같지만, 모든 것은 때가 있다. '자식 결혼
만 시키고 나면~', '이 문제만 해결되고 나면~', '돈을 더 벌면
~', ';성공하면~' 하면서 이런저런 이유로 미루고 그날을 기다리
면서 하루하루를 덧없이 살아간다.

살 만하면 떠나는 게 인생이다. 그렇게 되면 고생고생해서 집 장만하고, 자식들 키우고, 이제 한숨 돌리며 하고자 했던 취미생활과 여행도 모두 물거품이 된다. '나중에' 하면서 미루어 살아가는 삶은 영원히 하지 않겠다는 것과 마찬가지다. 그 '나중에'가 영원히 오지 않은 채로, 인생이 끝날 수도 있다. '나중에'라는 길을 통해서는 이르고자 하는 곳에 결코 이를 수 없다. 너무 멀리 보다가 소중한 것을 잃을 수 있다. 흘러가는 시간은 지금 하고 싶은 일을 자꾸 뒤로 미루는 사람을 위해 마냥 기다려주지 않는다. 나중에는 달라질 것이라고 기대하지 말고, 때가 되면 어떻게 하겠다는 생각을 하지 말아야 한다. 지금 못 하면 영원히 못 하게 된다.

세상에서 가장 허망한 약속이 되는 '나중에'라는 편안한 말에 속아 삶을 허비하지 말아야 한다. '나중에'는 절대 오지 않는다. 삶은 그 누구도 기다려주지 않기에 할 수 있을 때 해야만 하는 것이다. 나중에 해야 하는 백 가지 이유보다, 지금 하고 싶은 한 가지의 이유가 더 소중하다. 할 수 있으면 마음먹었을 때, 바로 실행해야 한다. '때가 되면 어떻게 하겠다'라고 생각하다가, 흰머리 가득해지고 건강을 잃고 아프면, 나만 서럽다. 그때는 삶의 시계도 멈출지 모른다. 결국에는 돈도 못 벌고 성공도 못 하고 그렇게 약속도 못 지키고 쓸쓸하게 삶은 지나가 버린다. 그렇게 인생을 흘려보내고 아쉬워하며 후회를 하면서 살게 된다. 간혹 바라는 대로 돈 벌고 성공도 하지만, 잘해 줄 사람도 내 곁에는 이미 없어, 아쉬워할 때도 있다.

되찾을 수 없는 것이 세월이다. 이 일만 끝내고, 저 일만 끝내고, 그렇게 미루다가 어느 날 돌아보니 영원히 함께 있을 것 같던 가족들은 하나둘 품을 떠나간다. 지금까지 힘들게 달려왔지만, 그게 다 물거품처럼 없어지고 마는 허망한 것들이었음을 깨닫게 된다. 물건을 잃어버리면 다시 찾거나 사면 되지만, 영원히 되찾을 수 없는 것은 한 번뿐인 인생이다. 이제는 미룰 만한 시간도 그리 많지 않다. 인생살이가 한때의 흐름이고, 모든 일에는 '타이밍'이란 게 있는 것이다.

천년만년을 살 것같이 지금 못한 것을 할 기회는 무한하다고 생각하지만, 예고도 없이 부르면 모든 것을 다 두고, 떠나갈 준비도 못 하고, 빈손으로 떠나가야만 한다. 지금, 이 한 순간 한 순간이 소중하다. 그 올지 안 올지 모르는 '나중에' 라는 단어 때문에 후회하는 것보다 나중에는 기약이 없으니, 지금이 내 생의 마지막 기회라 생각하고, 내일 떠나더라도 후회 없는 삶을 살아가야 한다. 언제가 될지 모르는 마지막이지만, 우리가 할 수 있는 것은 삶이 끝나는 날까지 그저 하루하루 최선을 다해 후회 없이 살아가는 것이다.

새로운 출발이 필요한 때가 있다. 지금도 늦지 않았다. '지금' 말고는 무슨 일을 시작함에 '적절한 때'는 없다. 지금이 바로 그때이지, 따로 있는 것이 아니다. 어떤 계기로든 새로운 각오로 새롭게 시작하면, 그 시간부터 새로이 태어나고, 새로운 삶은 다시 시작된다.

산다는 것은 생각하는 것이 아니라, 행동하는 일이다. 행동은 깨달음의 지름길이다. 가치 있는 목표를 향해 첫발을 내딛는 순간, 삶의 새 길이 열린다. 지혜로운 사람은 행동으로 증명한다. 행동하는 사람 2%가 행동하지 않는 사람 98%를 지배한다. 무엇인가 하고 싶으면 아무리 작고 사소한 것이라도 바로 지금 당장 실천에 옮겨야 한다.

6
시작이
반

🌿

"인생이 끝날까 두려워하지 마라.

당신의 인생이 시작조차 하지 않을 수 있음을 두려워하라."

(그레이스 한센)

인생에 있어 실패를 한 번도 안 해본 사람은 새로운 시도를 한 번도 해보지 않은 사람이다. 실패를 하며 보낸 인생은 아무것도 하지 않고 보낸 인생보다 훨씬 존경스러울 뿐 아니라, 훨씬 더 유용하다. 시도해 보지 않고는 누구도 자신이 얼마만큼 해낼 수 있는지 알지 못한다. 두려워서 시도하지 않는 것이 아니라, 시도하지 않아서 두려움이 생기는 것이다. 진짜 두려움은 아무것도 하지 않는 것이다. 실패하는 사람은 걱정하는 대로 되고, 성공하는 사람은 상상하는 대로 된다.

인생의 모든 문제는 한꺼번에 해결되지 않는다. 하려는 의지가 있고 오랜 시간 동안 충분히 노력한다면, 그 일은 날마다 조금씩 나아진다. 한 번에 모든 것을 하려고 하지 않는 것이 현명한 사람의 방법이다. 인생의 계단에는 엘리베이터가 없다. 한순간에 삶을 바꿔놓는 기상천외한 일은 없으며, 기적 또한 바라지 말아야 한다. 가장 높은 곳에 올라가려면, 가장 낮은 곳부터 시작해야 한다. 거대한 강도 작은 시내의 물줄기가 모여야 이루어질 수 있다. 작은 물결이 모여 큰 물결이 되고, 그 힘은 일찍이 꿈꾸지도 못했던 거대한 제방을 허물어뜨린다.

꿈이 있다면 작은 일이라도 그것을 시작하는 것이다. 크게 꿈을 꾸어야 하지만, 그 꿈을 이루기 위한 시작은 언제나 작은 데서 출발한다. 아무리 큰 꿈도, 큰 생각도, 처음은 작고 초라하다. 처음에는 별것 아닌 것처럼 보여도 작은 걸음 하나가 방향을 바꾸어 놓는다. 그 작은 시작이 위대한 꿈을 향한 첫걸음이 된다. 하지 않으면 아무것도 시작되지 않는다. 도저히 손을 쓸 수가 없는 많은 돌을 옮기려고 할 때, 주변의 작은 돌부터 움직여야 한다.

'천 리 길도 한 걸음부터'라는 말이 있다. 처음부터 너무 큰 목표를 세우다 보면, 눈에 보이는 성과가 없기에 더 나아가지 못하고 지레 포기하게 된다. 그러나 하루, 한 달, 일 년 그렇게 눈앞의 목표를 이루어 나가다 보면 어느새 꿈꾸어 왔던 목표에 도달한 모습을 볼 수 있게 된다. 일단 시작이 가장 중요하다. 아무리 늦게 시작해도 시작하지 않는 것보다는 낫다. 시작이 반이기 때문이다. 이는 시작이 그만큼 어렵다는 사실을 의미한다. 하지만 어려운 순간은 누구에게나 있다.

시작부터 단번에 이루긴 어렵지만, 꿈을 이루기 위해서는 시작해야 한다. 누구나 어떤 일을 한다는 현실에 일단 발부터 들여놓고 나면, 처음에는 어려움이 있다. 초기에는 성장이 더디고, 반응이 늦다. 하지만 어리버리하고 좌충우돌하는 과정에서 숨겨져 있던 자신의 새로운 능력이 나타날 수도 있다. 모든 일은 어려운 고비를 넘겨야 쉬워진다. 아픈 만큼 성숙해진다. 그리고 나면, 나만의 방법으로 그다음 단계는 그리 어렵지 않게 느껴진다. 한 걸음에 인생이 바뀌는 것이다. 반대로 차일피일 미루고 외면하면, 1년 후에도 5년 후에도 지금 상태에서 한 발자국도 앞으로 나가지 못한다. 일을 자꾸만 미루다 보면 게으름이 습관이 되고, 도태와 퇴보라는 원치 않는 선물이 찾아올 것이다.

세상에 어려운 일이란 것은 존재하지 않는다. 나에게 익숙하지 않을 뿐이다. 익숙하면 쉽고, 익숙지 않으면 어려운 것이다. 그러니 어려운 일이라고 지레 겁먹을 이유가 없다. 시간을 투자해서 익숙해질 것인지 말 것인지만 결정하면 그만이다.

7

'오늘'은
남은 인생의 첫날

"오늘은 우리 인생의 하루. 하지만 다시는 오지 않는다."

(아일랜드 속담)

시간의 걸음에는 과거, 현재, 미래의 3가지가 있다. 우리가 산다는 것은 과거와 현재 미래의 연장선에서 살고 있는 것이다. 과거는 유효기간이 지난 휴지조각의 '부도수표'다. 이미 사라진 과거는 과거일 뿐, 지난날은 무효다. 현재는 당장 사용이 가능한 '현찰'이지만 순간순간 소멸된다. 미래는 아직 발행되지 않은 '약속어음'일 뿐이다. 잡을 수도 없는 과거와 잡히지도 않는 미래를 걱정하며 살다 보면, 현재의 자신은 안중에도 없어 스스로도 어찌할 수 없을 때가 있다.

인생의 많은 시간을 허비하는 것은 지나간 과거에 대한 회상과 미래에 대한 지나친 기대 때문이다. 지나간 과거에 집착하고 오지 않은 미래를 걱정하는 것은 고통만을 줄 뿐이다. 확실하게 바로 사용할 수 있는 현찰의 오늘을 무시한 채, 지나간 어제나 불확실한 내일을 그리워하는 것이 어쩌면 나약한 인간의 본성일지도 모른다. 삶이란 그런 것 같다.

사람의 눈이 앞에 있는 이유는 앞을 보고 나가라는 것이다. 그런데 눈은 앞에 달고 뒤를 바라보며 참말로 힘들게 살아가는 사람들이 있다. 과거는 더 이상 존재하지 않고 닫힌 문이다. 이미 지나가 버린 과거의 시간에 아직도 매달려 있으면, 이미 엎질러진 물을 다시 주워 담을 뾰족한 방법도 없다. 과거는 미래를 위한 시금석으로 삼기 위해 가끔 돌아보는 것은 유익하지만 과거에 얽매여서는 안 되며 미래도 두려워할 필요가 없다.

과거나 미래에 한눈을 팔면, 현재의 삶이 소멸해 버린다. 알 수 없는 미래의 성취를 위해 현재를 포기하면, 미래만 있을 뿐 현재는 영원히 없다. 어제의 비로 오늘의 옷을 적시지 말고, 내일의 비를 위해 오늘의 우산을 펴지 말아야 한다. 좋은 단지를 가지고 있다면, 오늘 사용해야 한다. 내일이면 깨져 버릴지도 모른다.

사람들이 하는 걱정 중에서 절대로 발생하지 않을 사건에 대한 걱정이 40%, 이미 일어난 사건에 대한 걱정이 30%, 별로 신경 쓸 일이 아닌 작은 것에 대한 걱정이 22%, 우리가 바꿀 수 없는 사건에 대한 걱정이 4%, 우리가 바꿀 수 있는 사건에 대한 걱정이 4%라고 한다. 결국 사람들은 96%의 불필요하고 쓸데없는 걱정 때문에 살아가고 있다는 것이다.

'오만 가지 생각이 다 난다'는 우리말이 있다. 실제 사람들이 하루에 5만 가지 생각을 한다고 한다. 이는 사람들이 어떤 일이 닥치면 수많은 잡생각을 한다는 뜻이다. 더 놀라운 사실은 5만 가지 생각 중 대부분은 4만 9천 가지 이상의 부정적인 생각을 한다는 것이다.

인생은 오늘의 연속이다. 천년만년을 산다 해도 오늘의 기회와 인연은 다시 오지 않는다. 흘러가는 물에 다시는 발을 씻을 수가 없는 것처럼, 오늘이 지나가면 그 오늘은 다시 돌아오지 않으며 금방 지나간다. 어제는 지나간 오늘이다. 내일은 다가오는 오늘이다. 어제는 이미 지나갔으며, 어쩔 수 없는 날이지만, 오늘은 미래를 만들어 갈 수 있는 중요한 날이다. 오늘이 없으면 내일도 없고 미래도 없다.

우리가 살고 있는 날은 바로 오늘이다. 오늘은 내일이면 어제가 되어버린다. 어제는 다시 돌아갈 수 없는 닫힌 날이고, 내일은 아직 오지 않았으나, 미래를 여는 날이다. 미래는 예고가 아니고, 휴식이 아니고, 도전이고 창조여야 한다. 미래의 불안을 앞당겨 염려하느라 다가오지 않은 내일을 두려워하는 대신 오늘을 열심히 살아야 한다. 오늘만이 내 안에 있고 내일은 스스로 만드는 것이다.

노인에게 오늘이 삶과 죽음의 기로에 서 있는 마지막 날이라 생각하면, 인생의 무게가 한층 더해질 것이다. 오늘은 이 땅 위에 남은 인생의 첫날이다. 언제든지, 누구든지, 지금의 모습이 가장 젊고, 오늘이 가장 젊은 날이다. 내일보다, 오늘이 젊기 때문이다. 오늘이 내 생애 최고의 날인 듯 최선을 다해 살면, 미래는 알아서 잘 풀린다.

미래를 수동적으로 기다릴 게 아니라, 자신이 원하는 미래를 만드는 방법이 있다. 오늘 할 수 있는 일에 전력을 다하면, 한 걸음 더 미래를 향해 진보한다. 오늘 하지 못한 일은 내일이 와도 할 수 없다. 오늘에 최선을 다해야 하는 이유가 여기에 있다. 그래서 오늘 주어진 일에 정성을 다하라는 가르침이 깨우침의 말씀이다.

<오늘>

여기에 또 다른 희망찬 새날이 밝아 온다.

생각하라 그대는 이날을 쓸모없이 흘려보내려는가?

이 새날은 영원으로부터 생겨나고 밤이 오면 또한 영원으로 돌아

간다.

우리는 시간 안에서 그것을 보지만 누구도 그 실체를 본 사람은 없고

그것은 또한 즉시 모든 눈에 영원히 보이지 않게 된다.

여기에 또 다른 희망찬 새날이 밝아 온다.

생각하라 그대는 이날을 쓸모없이 흘려보내려는가?

(토머스 칼라일)

제7장

노년의
운동

1
운동의
효과

❧

"행동이 반드시 행복을 안겨주지 않을지는 몰라도,

행동 없는 행복이란 없다."

(윌리엄 제임스)

현대 사회는 산업이 발달됨에 따라 자동화되고 기계화된 편리
한 생활로 인해 신체활동이 점차 줄어들고 있다. 인체는 활동(운
동)이 부족하면 체력이 떨어지고, 이로 인해 신체 기관의 기능도
저하된다. 기능 저하는 노화의 진행을 당길 뿐 아니라 성인병 등
각종 질병의 원인이 되기도 한다. 성인병은 운동 부족과 관련이
많기 때문에 '운동부족병'이라고도 한다.

운동 부족으로 나타나는 대표적인 현상은 심장과 폐의 기능 저하, 혈관의 탄력성 저하, 근육 위축에 의한 근력 저하 등 신체 기능의 전반적인 약화이며, 그 결과 성인병으로 연결되기 쉽다.

규칙적인 운동을 통해 얻을 수 있는 효과는 체력적, 심리적 효과와 면역 효과를 들 수 있다.

첫째, 체력적인 효과로서 신체 각 부위의 주요 근육이 발달되어 근육 내 모세혈관의 밀도가 늘어나고, 심장의 용량 및 크기가 증가할 뿐 아니라 폐의 기능인 폐활량도 증가한다. 특히 팔이나 다리 등 일부 신체 부위는 일상생활에서 많이 사용되기 때문에 생활을 통하여 그 기능이 어느 정도 유지되지만, 사용하지 않는 부위는 근육이 위축되고 기능도 감소되기 때문에 규칙적 운동을 통해 그 기능을 발달시켜야 한다.

둘째, 심리적 효과로서 운동은 인간의 공격 본능과 부정적 사고를 해소하는 데 효과가 있다. 적절한 양의 운동은 인간에게 내재된 공격적 본능과 외부환경으로부터 오는 스트레스를 해소하는 능력을 향상시켜 마음이 편안해지는 것을 느낄 수 있다. 그리고 운동은 일상생활 속에서 자신감을 갖게 하여 대인관계도 원만하게 해주는 효과가 있다. 또한 매사에 능동적이고 긍정적 사고를 갖게 하며, 근육의 긴장 상태를 적절하게 이완시켜 마음을 편안하게 해주는 이완 효과도 있다.

셋째, 면역 효과로서 규칙적 운동은 질병과 외부의 임상 자극에 대한 면역반응에 긍정적 영향을 준다고 보고되었다. 적당한 운동은 면역에 관련된 세포 수를 증가시키고, 자체의 기능을 향상시키는 효과도 있다. 또한 힘든 생활에서 비롯되는 피로에 대한 내성 능력을 향상시킨다. 그리고 간염 등과 같은 각종 병원체를 이길 수 있는 저항 능력 향상에도 도움을 준다.

데이비드 A. 싱클레어와 매슈 D. 러플랜트의 명 저서(2020)『노화의 종말』에서, 노화는 질병이다. 치료할 수 있다. 노화는 늦추고, 멈추고, 심지어 되돌릴 수도 있다고 했다. 그리고 건강하게 장수하는 법의 하나로 "땀을 흘려라"를 들었다. 즉 운동을 하라는 것이다. 지금까지 알려진 운동의 효과와 완전히 새로운 학설, 미국질병통제예방센터(Centers for Disease Control and Prevention)에서 2017년 발표된 "운동을 규칙적으로 많이 하는 사람이 앉아서 생활하는 사람보다 10년 이상 젊어 보이는 텔로미어를 가지고 있다"는 연구결과를 소개하였다.

텔로미어란 염색체의 말단부에 존재하는 핵단백질로서 세포의 수명을 결정짓는 역할을 한다. 이것은 세포가 분열할 때마다 줄어들기 시작하는데, 어느 수준까지 짧아지면 세포는 더 이상 분열하지 못하고 죽는다. 이것이 바로 노화의 핵심이다.

세포가 분열할 때마다 텔로미어의 길이가 짧아지며 늙어간다.

2003년 유타대학의 연구팀이 60세 이상의 헌혈자 143명을 대상으로 혈액 내의 텔로미어의 길이를 측정하고 텔로미어의 길이와 이후 20년 동안 사망률과의 상관관계를 조사한 결과, 텔로미어의 길이가 짧은 피험자의 사망률은 긴 피험자의 2배에 이르는 것으로 나타났다. 또한 심장질환으로 인한 사망률은 텔로미어가 짧은 피험자에서 3배 이상 높았다.

이 실험으로 텔로미어 단축과 인간의 고령으로 인한 사망 또는 노화관련 질병 간의 상관관계에 대한 확실한 근거를 제시했다.

2
두 다리가
의사

꠵

"사람이 걸을 수 있는 만큼만 존재한다."

(싸르트르)

늙어서 자식 효도관광은 고맙지만, 다리가 후들후들 떨려 여
행을 가도 멋진 풍경보다 앉을 의자부터 먼저 찾게 된다. 많은 사
람들이 심장, 간, 위장 등 내부 장기에만 관심을 쏟지만, 사실 튼
튼한 다리야말로 건강의 초석이고 활력의 원천이다.

사람이 늙으면서 가장 걱정해야 하는 것은 머리카락이 희어지
는 것도 아니고, 피부가 늘어져서 쭈글쭈글해지는 것도 아니다.
돈이 없는 궁핍한 생활, 자식 없이 혼자 사는 생활이 힘들고 외롭

겠지만, 이것들도 아니다. 바로 두 다리로 걸어 다니지 못하는 것이다. 다리와 무릎이 불편하여 거동이 어려워지는 것을 제일 걱정해야 한다.

인간은 걸으며 사는 동물이다. 인간 최초의 본능적인 동작은 걷기였고, 인간은 걸으면서 존재해 왔다. 다리가 무너지면 건강이 무너진다. 노년에 며칠만 못 걸어도, 만사가 귀찮고, 마음이 약해지며, 우울증에 빠지고, 건강도 나빠져 폐인이 된다. 뇌 활동도 활성화되지 못하고 상상력과 자신감 같은 것도 서서히 꺼지면서 어두운 나락으로 빠져들게 된다. 늙지 않는 뇌, 건강한 정신을 유지하기 위해서는 운동 이외에는 길이 없다.

재활의학과 의사가 판단하는 건강하고 활기차게 살기 위한 첫째 조건은 '걸을 수 있는가'다. 사람의 다리는 기계의 엔진과 같아, 자동차의 엔진이 망가지면 자동차가 굴러갈 수 없듯이, 거동을 할 수 없게 된다. 걸어야 갈 수 있고, 얻을 수 있고, 만날 수 있고, 볼 수 있다. 좋아하는 공원이나 음식점을 마음대로 못 가는 것은 악과다. 일상생활의 작은 움직임, 화장실을 이용하는 것도 큰일이 된다. 이런 상황은 심각하다. 걷는 활동력을 잃는 것은 생명 유지능력의 마지막 기능을 잃는 것이다. 걸어 다니지 못하는 순간 많은 것을 잃게 된다. 그동안 쌓아올린 건강, 명예, 재산, 인연 등 모든 것이 무너진다. 걷지 못하면 끝장이고, 비참한 인생의 종말을 맞게 된다.

사람의 전체 골격과 근육의 절반은 두 다리에 있으며, 일생 동안 소모하는 에너지의 70퍼센트를 두 다리에서 소모한다고 한다. 다리에는 온몸에 있는 신경과 혈관의 절반이 모여 있으며, 온몸에 있는 혈액의 절반이 흐르고 있다. 다리는 혈액 순환에 중요한 역할을 하는 것이다. 다리가 '제2의 심장'으로 불리는 이유다.

나무는 뿌리가 먼저 늙고, 사람은 다리가 먼저 늙는다. 나이가 들수록 하체 근육이 풀린다. 할머니들의 보폭이 짧고, 작은 돌부리에도 쉽게 넘어지는 걸음걸이를 보면 알 수 있다. 하체의 근육이 퇴화해 뇌가 위험을 인지해도 순발력을 낼 수 없기 때문이다.

산삼이나 웅담, 녹용 같은 보약도 두 다리로 서 있을 때 효과가 있는 것이다. 의사는 병원에 있지만, 진짜 의사는 두 다리이다. 다리가 튼튼하면, 병 없이 오래 살 수 있다.

3

걷기는 모든 운동의
첫걸음

❧

"기적은 하늘을 날거나 바다 위를 걷는 것이 아니라,

땅에서 걸어 다니는 것이다."

(중국 속담)

이제까지 땅 위를 걷는 것쯤은 당연한 줄 알고, 하늘을 날고 물 위를 걷는 기적을 이루고 싶어 안달하였다. 그러나 반듯하고 짱 짱하게 걷는 게 결코 쉬운 일이 아님을 실감하게 된다.

현대인들은 대부분 책상 앞에서 일을 하고, 운동 부족증에 걸려있다. 각종 성인병이 생겨나면서 소위 문명병이란 말이 나오게 되었다. 기계문명이 고도로 발달되어 자동차, 엘리베이터, 세탁기 등의 편리한 기계가 보급되고 사람의 신체활동을 대신하면서, 몸을 움직일 기회는 점점 줄어들고 몸이 허약해지고 무기력하게 되고 있다. 즉 물질의 풍요와 삶의 편리함이 오히려 건강한 삶의 장애가 되는 것이다. 특히 교통수단의 발달은 운동부족 현상의 주범으로 간주된다. 현대에 와서는 교통수단의 발달로 '걷기'가 부족해졌다. 승용차 보급이 일반화되면서 좀처럼 '걷기'가 쉽지 않다. 오래 타면 탈수록 내 몸은 다 망가진다. 지금 타고 다니는 승용차가 바로 '영구차'다.

걷는 것은 단순한 이동수단이 아니다. 몸의 모든 세포, 조직, 장기의 기능을 최대로 끌어올리는 필수적인 생활방식이다. 아무리 좋은 음식과 보약을 먹어도 몸을 움직이는 운동이 부족하면, 근육이 풀리는 것을 막을 재간이 없다. 약을 먹어서 몸을 돕는 약보(藥補)가 있고, 음식을 먹어서 몸을 돕는 식보(食補)가 있고, 그다음에 많이 걸으면서 몸을 돕는 행보(行補)가 있다. 좋은 약을 먹는 것보다, 좋은 음식을 먹는 게 낫고, 좋은 음식을 먹는 것보다, 걷는 게 더 좋다는 뜻이다.

의학의 아버지로 불리는 히포크라테스는 "걷는 것이 인간의 최고 약이다"라고 하였다. 오랫동안 꾸준히 걷는 사람은 아픈 데가 별로 없고, 질병의 90%는 도망간다고 한다. 하루에 30분 이상 걸으면 치매 발병 확률이 40% 이상 낮다고도 한다.

　장수하는 노인들은 걸음걸이가 바르고 바람처럼 가볍게 걷는 것이 특징이다. 걷기는 한국인의 5대 질병(고혈압, 심장병, 당뇨병, 뇌졸중, 암)의 예방을 넘어 치료에까지 적지 않은 영향을 미치고 있어, 의료비 절감에도 효과가 크다. 걷기 때문에 난처해지는 사람은 '의사'라는 말도 있다.

　명검은 쇳덩어리를 불에 달구어 수십만 번을 망치로 두들겨야 만들 수 있다. 단련 없이 명검은 날이 서지 않는다. 사람의 다리도 마찬가지다. 단련해야 한다. 다리를 단련하는 가장 좋은 방법은 걷는 것이다.

　건강하게 살기 위해서는 걸어야 한다. 병이 난 후에 약으로 고치려 말고 병이 나기 전에 걷기로 병을 막아야 한다. 일어설 수 있을 때 걸어야 한다. 걷기를 게을리하면 '일어서지도 못하게 되는 날'이 생각보다 일찍 찾아올 수 있다. 아파서 못 걷는 것이 아니라, 못 걸어서 아픈 것이다.

　미국 하버드 의대에서 70세 이상의 19,000명 정도의 할머니들을 대상으로 1986년부터 2003년까지 연구한 결과에 따르면, 운동 중에서도 장기간 규칙적인 걷기 운동이 치매 예방에 효과가 있는 것으로 발표되었다. 미국 일리노이 의대에서 평균적인 뇌

크기를 가진 사람 210명에게 1회 1시간씩, 1주일에 3회 빨리 걷기를 시키고, 3개월 뒤 기억을 담당하는 뇌세포의 활동 상태를 조사했더니, 자신의 연령대보다 평균 세 살 어린 활동력을 보였다. 연구팀은 걷기 운동을 하면 뇌 혈류가 두 배로 증가된다는 사실도 밝혀냈다. 영국의학저널은 40~79세인 27,738명을 13년간 조사한 결과 하루 1시간 이상 걷는 사람은 걷지 않는 사람보다 장수하며, 특히 남성은 하루에 1시간 이상 걷는 사람이 걷지 않는 사람보다 수명이 1.38년 길었다고 강조한 바 있다.

걷기는 각종 성인병에서 벗어날 수 있는 필수 운동이며 WHO에서는 매일 30분 정도의 걷기를 권고하고 있다. 이 밖에도 수많은 의학 논문들에서 공통적으로 권장하는 성인병 치료법이 바로 1주일에 5일, 30분씩 걷는 '530 걷기'이다.

영국의 버스는 대부분 2층 버스다. 1950년대에 버스 운전사는 일찍 죽고 차장은 오래 살았다는 사실을 발견했다. 운전사는 앉아서 운전만 하고 차장은 2층을 오르내린다. 그것이 운동이 되어서 차장은 오래 살게 되었고 운전사는 단명하게 되었다고 한다. 그리고 우체국의 사무직은 일찍 단명하고, 집배원이 오래 살았다고 한다. 집배원은 많이 걷기 때문이다. 사무직에 있는 사람이 걸어 다니는 집배원보다 성인병 발병률이 5배가 더 증가하였다고 한다.

수영, 등산 등과 같이 운동에는 여러 가지가 있겠지만 그 어떤 운동을 하든지 가장 기본이 되고 첫걸음이 되는 것이 바로 '걷기'다. 그리고 나이 들어 시작할 수 있는 운동은 거의 없다. 나이 들어서도 가장 간단하면서 언제든지 할 수 있는 가장 좋은 운동이 걷기다. 걷기는 돈이 안 드는 가성비가 가장 좋은 운동처방이다. 걷는 운동을 위해서 별다른 장비가 필요 없고, 특별한 재능이 요구되는 것도 아니다. 그저 발을 앞으로 디디면 된다.

걷는다는 것이 단순하고 기본적인 움직임 같지만, 발바닥이 지면에 닿을 때마다 혈액을 순환시키는 모터가 양쪽 발에 달려 있다고 생각하면 된다. 건강을 꼬박꼬박 저축하는 것이다. 가벼운 운동으로만 인식하고, 모르고 지나치기 쉬운 걷기의 효과는 결코 가볍지 않다. 한 걸음을 떼는 순간, 모든 장기들이 활발한 활동을 하게 된다.

혈류의 흐름은 전신 건강의 지표다. 각 기관의 세포에 산소와 영양을 공급할 뿐 아니라, 혈관을 청소해 탄성을 유지시켜 주는 아주 신비롭고 과학적인 움직임이다. 걷기 운동을 하면 뇌 혈류가 2배로 증가되면서, 뇌가 젊음을 유지하게 된다.

뱃살을 줄이는 데도 빠르게 달리기보다 걷기가 유효하다. 지방과 탄수화물 소모 비율이 다르다는 것이다. 걷기가 달리기보다 좋은 것은 너무 과한 운동은 심장에 무리가 있기 때문이다. 저강도 운동인 걷기를 장시간 하는 것은 달리기와 같은 고강도 운동을 단시간 하는 효과를 뛰어넘는다고 한다. 고강도 운동을 지나치게 할 경우 과다한 유해산소가 많아져 면역기능이 떨어지며 몸을 손상시킬 수 있다.

달리기는 지방보다 탄수화물 소모량이 많지만, 걷게 되면 지방을 에너지로 더 많이 활용한다고 한다. 운동 초기에는 탄수화물이 동원되지만 운동시간이 길어질수록 지방이 소비된다. 따라서 운동 강도가 낮아 오랫동안 할 수 있는 걷기는 비만의 원인인 체지방을 연소하는 데 달리기보다 효과적이라고 한다.

마라톤같이 무리한 운동도 혈관에 부담을 줘 오히려 혈관 유연성을 떨어뜨릴 수 있다. 달린다는 것은 발에게는 고문이다. 착지하는 순간 한쪽 발에 실리는 무게는 체중의 2.3~2.8배에 달하고, 1㎞를 달릴 때 발이 받는 하중은 무려 16t이라고 한다. 발바닥의 아치가 무너지거나 무릎에 퇴행성 관절염이 일찍 생길 수도 있다. 권투 등 심한 운동을 하는 운동선수의 평균수명이 다른 직업인보다 상대적으로 짧은 것을 보아도 알 수 있다.

4

걷기는 도(道)를
찾아 나서는 여정

🌿

"나는 걸을 때만 명상을 할 수 있다.
걸음을 멈추면 생각도 멈춘다."

(장 자크 루소)

걷기 운동은 몸과 마음이 함께 하는 전신운동이 되는 종합예술이다. 밖에서 햇볕을 받으며, 머리를 들고 햇빛의 충만한 에너지를 느껴보고, 흙을 밟으면서 대지로부터 전달되는 기운을 느껴보면서 걷는 것도 건강의 비결이다. 생각하며 명상하며 걷는 것은 '마음의 무게'를 내려놓고 자연과 소통하는 행위다. 신선한 에너지가 몸 구석구석까지 흐르기 시작하면 기분이 밝아지면서 의식은 명료해지고 생각은 단순해지면서, 무엇이 중요한지 알게 되고 행동도 진취적으로 바뀌게 된다.

움직이지 않는 식물은 뇌가 없지만, 움직이는 동물은 뇌가 있다. 걷기 운동이 좋은 것은 발을 사용하면 등줄기를 통해 자극이 뇌에 전달되어 활발하게 움직이도록 도와주고, 뇌의 영양공급과 보호 효과가 있으며 치매를 일으키는 독성 단백질과 콜레스테롤 수치도 낮추기 때문이다.

걸으면 혈액과 산소가 뇌의 구석구석까지 흘러 들어가, 뇌가 가장 활성화되기 쉬운 상태가 된다고 한다. 걸으면 스트레스 호르몬으로 알려진 코르티졸(cortisol)의 수치를 떨어뜨려서, 스트레스도 감소시켜 우울증을 예방하고, 면역력을 높임으로써 신체적인 건강뿐만 아니라 정신건강에도 도움을 준다고 한다.

걷는 동안에 두뇌는 계속 움직인다. 걷게 되면 잠들어 있던 뇌가 깨어나 다양한 뇌의 능력들을 발휘할 수 있게 된다. 이때 사물을 판단하거나 생각을 정리하는 속도는 가만히 있을 때보다 몇십 배나 빨라져, 사고력과 집중력이 최고조에 이른다고 한다. 그래서 걷다 보면 불필요한 생각은 떨어져 나가고, 누군가에게 그 답을 구하지 않아도 스스로 답을 알게 되고 길이 보인다. 고대 철학자들 대부분이 걸으면서 생각을 떠올리고 사색을 했다는 사실

은 근거 없는 이야기가 아니다. 걷는 동안 두뇌 회전이 빨라지고
사고력, 집중력, 기억력 등이 향상되기 때문이다.

5
나를 살리는
건강 보행법

꿯

"인간은 원래 두 발 보행을 하면서 뇌를 발달시킨 동물이므로
걷는 운동 자체가 뇌에 강렬한 자극을 준다."

(사토 토미오도)

무조건 걷기만 한다고 효과가 있는 것이 아니다. 다양한 효과
가 있는 걷기 운동이지만 골다공증이 있는 중장년층이나 무릎관
절질환을 앓고 있는 환자의 경우는 경사진 곳을 걷거나 딱딱한
바닥을 힘주어 무리하게 걷게 되면, 오히려 관절질환을 악화시
키고 통증을 유발할 수 있다.

허리 디스크 환자의 80퍼센트가 걷는 자세가 나쁘다고 한다.

독이 되는 걸음도 있다. 갈팡질팡 걸음, 낙상 위험이 있는 종종걸음, 양반 형태의 팔자(八) 형 걸음, 회전 걸음(한쪽 다리를 끄는 뇌졸중 환자와 같은 걸음), 안짱걸음(다리를 안으로 15도 오므리고 걷는 8자 걸음과 반대 걸음), 절뚝걸음(뒤뚱거리면서 절뚝거리는 걸음), 학다리걸음(무릎을 굽히지 않는 걸음), 1자 걸음(패션모델과 같이 예쁘게 걷는 걸음)은 오히려 독이 된다. 같은 시간을 걸어도 약이 되고, 최대 효과를 누릴 수 있는 건강 보행법에 대해서 알아보고자 한다.

① 시선은 15도 상단을 보고 걷는다. 정면을 응시한 상태에서 적당히 턱을 당긴 자세를 유지한다. 턱을 치켜들거나 숙이지 않는 것이 중요하다.

② 보폭은 보통 걸음의 보폭(70cm)보다 5~10cm 정도 더 넓게 한다. 보폭을 넓혀서 걸으면 허벅지, 종아리 근육을 강화시킨다.

③ 평상시 걸음의 속도(시속 3.5km)보다 빨리 걷는다. 땀이 나고 숨이 차는 속도(시속 6~8km)가 적당하다. 빨리 걸으면 심폐기능을 강화시킨다. 만약 숨이 차서 노래를 부르지 못할 정도라면, 운동량이 과한 만큼 속도와 양을 조절해야 한다.

④ 꾸준히 걷는 게 중요하다. 운동은 꾸준함이 생명이다. 일시적으로 몇 번 하는 것은 몸에 이득이 안 된다.

⑤ 걸을 때 중요한 것은 발의 움직임이다. 발의 무게중심이 뒤꿈치→바깥쪽→새끼발가락→엄지발가락 순서로 옮겨가야 한다. 발은 밖으로 15~20도 벌어지는 11자형 걸음이 좋다. 인체 해부학적으로 발이 밖으로 벌어지는 게 인간이 취하는 가장 자연스런 자세이기 때문이다. 팔자(八) 형 걸음은 발목과 척추에 무리를 주기 때문에 삼가야 한다.

⑥ 다이어트 효과를 향상시키기 위해서는 걷는 동안에 자신이 원하는 이상적인 체형을 머릿속에 떠올리는 게 필요하다. 양팔과 배, 허벅지, 다리 라인 등 미끈한 보디라인을 구체적으로 이미지화하면서 걸으면 걷는 동안 그것을 실현시키기 위한 세포의 힘이 강화된다.

⑦ 팔을 힘차게 흔들면서 보폭을 넓혀 빠르게 걷는 파워워킹을 한다. 파워워킹은 상체도 이용하는 전신 운동이기 때문에 칼로리 소비가 높고 심폐지구력, 근력 향상에 효과적이다. 일반워킹보다 2배의 운동효과를 볼 수 있다.

일본의 내과의사 나가오 가즈히로는 그의 저서『병의 90%는 걷기만 해도 낫는다』에서 하루 1시간 걷는 것으로 아프지 않고 100세까지 살 수 있다고 했다. 400년 전 사람들은 현대인보다 6배 이상 걸었기 때문에 건강하고 행복했다고 한다.

우리도 매일 걷기 운동을 하자. 가장 가성비가 좋은 걷기 운동으로 건강한 몸을 만들어 노년의 생활을 행복하게 보내기를 간곡히 권유한다.

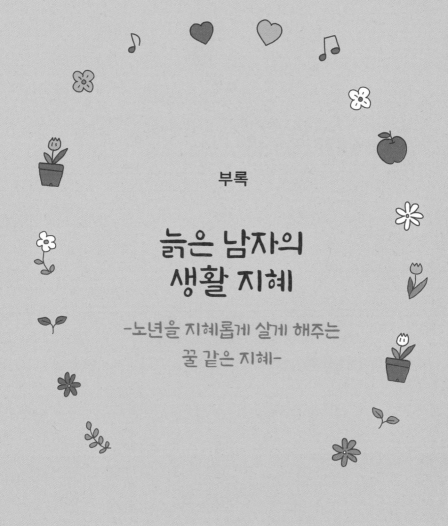

부록

늙은 남자의
생활 지혜

-노년을 지혜롭게 살게 해주는
꿀 같은 지혜-

I
의(衣)

◎ **주름진 옷 다림질할 때 :**

물에 식초를 약간 타서 분무기에 넣고 뿌려 다림질하면 주름이 잘 펴
진다.

◎ **피 묻은 옷의 세탁 :**

소금물에 담갔다가 세탁한다. 얼룩이 감쪽같이 없어진다.

◎ **때 탄 와이셔츠의 목과 소매 세탁 :**

목과 소매 둘레에 하얀 초크를 문지른 뒤에 세탁한다.

◎ **색깔 있는 옷의 세탁 :**

옷이 완전히 잠기도록 식초나 소금물에 넣고 30분 정도 지난 후에 세탁
기에 돌린다.

◎ **흰옷 세탁 :**

가루세제와 함께 주방세제를 조금 넣어 세탁하면, 흰옷이 더욱 희게 된다.

◎ **와이셔츠의 소매와 깃의 누런 때를 확실하게 지우는 방법 :**

누렇게 변한 곳에 치약을 묻히고 햇빛에 1시간 정도 둔 후 세탁기에 돌리면 감쪽같이 하얗게 변한다

◎ **흰옷과 색깔 옷을 함께 삶을 경우 :**

냄비에 흰옷을 먼저 넣고 비닐봉투에 넣어 봉한 후 색깔 옷을 덮어서 삶는다. 흰옷의 산화도 막을 수 있고 시간도 절약된다.

◎ **색 바랜 흰색 양말 구하기 :**

흰색 면양말도 좀 오래 신으면 아무리 삶아 빨아도 본래의 색을 찾을 수 없는데 이때 레몬껍질 두어 조각을 물에 넣고 같이 삶으면 양말이 새하얗게 된다.

◎ **얼룩진 검정색 옷 빨기 :**

큰 통에 맥주를 붓고 얼룩진 옷을 헹구면 색상이 선명하게 살아난다.

◎ **와이셔츠 깨끗이 빠는 법 :**

우선 목과 소매부분 안쪽에 샴푸를 바르고 빨래가 마른 뒤 그 부분에 분말로 된 땀띠약을 뿌리면 땀띠약 입자에 때가 묻어 찌들지 않게 된다. 비벼 빨거나 솔로 문지를 필요가 없어 옷의 수명도 길어진다.

◎ **스타킹을 오래 신어 발 냄새가 날 때 :**

물에 식초 몇 방울을 타서 스타킹을 빨면 말끔히 발 냄새가 없어진다.

◎ **기타 :**

- 잉크의 얼룩은 하룻밤 동안 우유에 담가두었다 빨면 깨끗이 없어진다.
- 삶는 빨래는 삼베 주머니에 계란껍질을 넣고 삶으면 눈같이 하얗게 된다.

2
식(食)

◎ 달걀을 신선하게 유지하려면 :

달걀을 냉장고 문에서 먼 쪽에 놓아두면 신선도가 유지되어 오래 보관할
수 있다. 또한 항아리나 그릇에 소금을 넣고서 달걀을 거기에 묻어 놓으
면 한 달 이상 신선하게 보관할 수 있다.

◎ 삶은 달걀 껍데기를 잘 벗기려면 :

달걀을 삶을 때 식초와 소금을 조금 넣으면 달걀 껍데기에 금이 가지 않
고 매끈하게 삶아지며 잘 벗겨진다.

◎ 굳은 떡을 부드럽게 하려면 :

딱딱해진 떡을 하룻밤 물에 담근 뒤 찌면 갓 만든 떡처럼 부드러워진다.

◎ 생선 튀김을 할 때 생선의 비린내를 없애고 싶다면 :

생선을 미리 녹차 우린 물에 담갔다가 요리하면, 비린내가 싹 제거된다.

◎ **보리차를 끓인 후에 식힐 때 :**

재빨리 식혀야 고유의 보리 향이 유지된다. 또는 소금을 아주 조금 넣어 주면 향이 진해진다.

◎ **먹다 남긴 밥 보관 :**

남은 밥을 1회분씩 나눠 랩이나 팩에 담아 밀폐한 뒤 냉동시키면 밥맛이 변하지 않는다. 먹을 때는 정종을 조금 뿌린 다음 전자레인지로 데워 먹으면 원래의 맛을 유지할 수 있다. 냉장실에 넣어두면 단백질이 파괴되면서 맛을 잃는다.

◎ **양파 껍질 벗길 때 눈 안 맵게 하려면 :**

양파 껍질을 물속에서 벗기면 양파의 아릴프로피온이라는 휘발성 최루 물질이 물에 흡수된다. 또한 양파를 차게 한 뒤 썰어도 눈물이 안 나온다. 뿌리 부분을 가장 나중에 잘라내도 눈이 맵지 않다.

◎ **먹다 남은 햄 보관 :**

요리하다 남은 햄과 소시지는 잘라낸 자리에 식초를 묻힌 뒤, 랩으로 싸두면 된다. 살균효과도 있고 또 맛이 가지 않는다. 먹다 남은 겨자도 식초를 뿌려두면 오래 보존할 수 있다.

◎ **먹다 남은 치즈 보관 :**

먹다 남은 치즈의 마른 부분에 우유를 묻히고 랩에 싸서 전자렌지로 살짝 가열해 주면 맛이 되살아나고 부드러워진다. 또한 치즈를 오래 보관하려면 가운데 부분부터 잘라먹고 남은 것의 자른 면을 서로 붙여 랩에 싸서 보관하면 된다.

◎ **묵은 쌀 냄새 제거 :**

우선 저녁에 식초 한 방울을 떨어뜨린 물에 묵은 쌀을 담갔다가 씻어서 물기를 빼놓는다. 다음 날 밥을 지을 때 한 번 더 미지근한 물로 헹군 뒤 밥을 지으면 냄새가 나지 않는다.

◎ **생선 비늘 벗길 때 :**

민물 생선을 요리할 때 칼로 긁어내면 비늘이 튀어 조리대와 부엌바닥을 더럽히기 쉽다. 이럴 때는 칼 대신 스푼이나 쓰다 남은 무로 비늘을 긁어내면 된다. 무를 어슷하게 썰어 그 뾰족한 부분으로 비늘을 벗긴다.

◎ **딱딱하게 덩어리진 설탕을 사용하는 방법 :**

설탕이 봉지에 들어있는 채로 굳었다면 수분을 없애기 위해 햇볕이 잘 드는 곳에 잠시 놓아둔 뒤 손으로 부수어 사용하면 된다. 그릇에 들어있는 설탕은 식빵조각을 잠시 넣어두면 쉽게 부서진다.

◎ **껍질 깐 바나나 변색을 방지 :**

바나나는 레몬즙을 바르면 변색을 막을 수 있다. 껍질을 벗겨 비닐봉지에 싸서 냉동실에 넣어 얼리면 산뜻한 냉과가 된다.

◎ **날달걀과 삶은 달걀 구분 :**

평평한 장소에 달걀을 세워 돌렸을 때 계속 돌면 삶은 것이고, 그렇지 않으면 날달걀이다.

◎ **쌀벌레가 생기는 것 방지 :**

붉은 고추나 마늘을 쌀통에 넣어두면 된다. 그리고 쌀통 속에 큰 마늘봉지를 깔아 두면 쌀통구석에 쌀알이 끼어 썩는 일도 없다.

◎ **햄의 첨가물 제거 :**

햄은 합성보존료와 발색제를 많이 쓰는 식품이므로 요리 할 때 섭씨 80도의 물에 1분간 담가두면 첨가물의 80%가 녹아 나온다. 기름에 볶을 때도 고기의 기름과 함께 첨가물이 빠져나오므로 기름기를 제거한 뒤 먹어야 안전하다.

◎ **밥 지으면서 달걀 삶는 법 :**

솥에 달걀을 넣을 때는 반드시 알루미늄 호일로 단단히 싸야 한다. 달걀을 호일로 싸면 깨질 염려도 없고 밥맛에도 전혀 영향을 주지 않는다. 같은 방법으로 감자나 고구마를 삶아도 된다.

◎ **김빠진 맥주 이용 :**

고등어나 꽁치 등 비린내가 많이 나는 생선을 먹다 남은 맥주에 10분쯤 담가 놓으면 비린내가 말끔하게 없어진다. 그런 후 젖은 수건으로 닦아 물기를 없애고 가루를 묻혀 기름에 튀기면 맛있는 생선튀김이 된다. 튀김옷을 만들 때도 맥주를 약간 넣으면 바삭바삭하게 튀겨진다.

◎ **식초 맛이 너무 강할 때 :**

술을 조금 넣으면 신맛이 훨씬 부드러워진다. 또 설탕을 좀 더 넣으면 단맛이 강해지면서 신맛을 덜 느끼게 될 것이다.

◎ **마요네즈 악취 제거 :**

간장을 한 방울 넣어보면 냄새가 사라진다.

◎ **시금치 풋내 없애는 방법 :**

시금치를 데칠 때는 더운물 다섯 컵에 한 숟갈 정도의 비율로 설탕을 넣고 데친다.

◎ 신 김치를 덜 시게 하는 방법 :

김치 한 포기당 날달걀 2개 정도를 신 김치 속에 파묻어 두었다가 12시
간쯤 지나서 꺼내 먹으면 신맛이 훨씬 덜하다. 또 깨끗이 씻은 조개껍데
기를 넣어 두어도 하루만 지나면 신기하게도 신맛이 없어진다.

◎ 설탕통의 개미 제거 방법 :

통의 중간쯤에 고무줄을 몇 겹 감아준다. 개미는 고무냄새를 싫어하기
때문이다.

◎ 식빵 자르는 방법 :

칼을 달궈서, 세로 면을 위로 향하게 한 뒤, 안쪽으로부터 바깥쪽을 향해
자르면 깨끗하게 잘 잘라진다.

◎ 양배추 잎을 쉽게 뜯으려면 :

양배추의 중심부분을 파내고 뜨거운 물을 붓는다.

◎ 프라이팬에 음식 등이 눌어붙어 잘 안 닦일 때 :

팬을 불에 달구었다가 소금을 뿌리고 신문지로 닦는다. 냄새도 없어지고
프라이팬도 깨끗해진다.

◎ 생선 냄새가 밴 프라이팬을 닦을 때 :

간장 한 방울을 떨어뜨려 불에 달구면 비린내가 없어진다.

◎ 귤에 곰팡이가 피어 오랫동안 보관하기 힘들 때 :

소금물에 귤을 한 번 씻어 준 후 보관하면 농약도 제거되고 오랫동안 신

선하게 보관할 수 있다.

◎ 냉장고 청소할 때 :

식초를 물에 타서 수건에 묻혀 닦는다. 냄새도 없어지고 소독 효과도

있다.

◎ 손에 음식 냄새가 배었을 때 :

식초 물에 손을 씻는다. 혹은 설탕으로 문질러 줘도 냄새가 말끔히 없어

진다.

◎ 요리하면서 기름이 튄다면 :

소금을 한 줌 넣는다. 너무 짜질 수 있으니 간을 조절한다.

◎ **전기밥솥의 밥을 맛있게 보관하기 :**

중앙으로 밥을 몰아 놓는다. 밥이 넓게 퍼져 있으면, 수분이 계속 증발되어 밥이 뻣뻣해지기 때문이다.

◎ **달걀 흘렸을 때 닦기 :**

소금을 뿌린 후에 10분쯤 놔둔 후 닦아내면 잘 닦인다.

◎ **먹다 남은 과자 눅눅해지지 않게 보관하기 :**

각설탕 한 개를 함께 넣어두면 좋다. 각설탕이 습기를 흡수하기 때문이다.

◎ **주전자에 물때가 끼면 :**

보리차를 끓일 때 녹차 잎을 한 줌 넣으면 물때가 끼지 않는다.

◎ **기름기 있는 프라이팬이나 그릇을 닦을 때 :**

녹차티백으로 닦으면 깨끗해진다.

◎ **김치통 냄새 제거하려면 :**

팔팔 끓인 물에 주방세제를 조금 풀어 거품을 낸 후 김치통에 가득 부어 하룻밤 동안 그대로 두고 다음 날 깨끗하게 헹궈내면 냄새가 싹 사라진다.

◎ **밀폐 용기에서 나는 냄새를 제거하려면 :**

쌀뜨물을 하룻밤 정도 용기에 받아두었다가 다음 날 씻어주면 냄새는 물론 용기에 밴 색도 없어진다. 그리고 나서 햇볕에 잘 말려두면 곰팡이도 끼지 않고 아주 좋다.

◎ **용기에 밴 김치 냄새 없애려면 :**

쌀뜨물과 맥주를 담아 하루 정도 묵히면 좋다.

◎ **냉장고 냄새가 심할 때 :**

소주 한 병을 뚜껑을 연 채로 냉장고에 넣어 둔다.

◎ **냉장고의 냄새를 없애려면 :**

원두커피 찌꺼기를 놓아둔다.

각종 탈취제는 냉장고 아래 칸에 넣어 두는 것이 좋다.

먹다 남은 맥주 반 컵 정도로 냉장고 안팎을 청소한다.

◎ **냄비의 탄 바닥을 제거할 때 :**

소주로 닦는다.

◎ **마늘을 빻아 보관할 때 :**

위에 설탕을 살짝 뿌려두면 마늘 색이 변하지 않는다.

◎ **육류나 생선 비린내가 밴 칼을 씻을 때 :**

식초를 희석한 물로 씻은 다음 녹 방지를 위해 무 조각으로 닦아낸다.

◎ **원두커피 찌꺼기 사용법 :**

원두커피를 마신 뒤 남는 찌꺼기를 잘 말려두었다가 신발장 안이나 싱크대에 놓아두면 나쁜 냄새가 없어진다. 재떨이에 깔아두어 담배 냄새를 줄일 수도 있다.

◎ **보리차 끓인 티백은 :**

양념 묻은 냄비나 기름기가 묻은 그릇 등을 닦으면 설거지하기도 훨씬 편하다.

◎ **북어 등의 건어물을 보관할 때 :**

건어물은 습기에 매우 약해 곰팡이가 발생하기 쉽다. 건어물과 함께 건조된 녹차 찌꺼기를 보관하면 방습과 방충이 해결된다.

3
주(住)

◎ 쓰레기 봉투가 양이 다 안 찼는데 냄새가 심할 때 :

신문을 물에 적셔 쓰레기 봉투 위에 얹어두면 신문이 냄새를 쏙 빨아들
인다.

◎ 유리창 깨끗이 닦으려면 :

분무기에 식초를 약간 섞어 유리창에 뿌려 주면 창이 제법 잘 닦인다.

◎ 벽에 난 못 자국을 없애려면 :

치약을 쓰면 벽이 깔끔해진다.

◎ 방충망에 낀 먼지를 털어내기 :

마른 스펀지로 문질러 주면 쉽게 청소할 수 있다.

◎ 건전지 오래 쓰기 :

식칼, 망치, 드라이버 등으로 건전지의 옆면을 4~5차례 두드린다.

◎ 유리창에 페인트가 묻는 것을 방지하기 :

유리창에 비눗물을 미리 묻힌다. 페인트가 묻어도 물걸레로 쉽게 닦인다.

◎ 나무에 못 수월하게 박기 :

못에다 기름이나 비누를 한번 칠해 보면, 못이 신기할 정도로 잘 박힌다.

◎ 화분에 심어놓은 식물이 마르거나 잘 자라지 않을 때 :

마늘 반 통 정도를 으깨어 두 컵 분량의 물에 희석시킨 후 화분에 뿌려주면 식물이 놀랄 만큼 잘 자란다.

◎ 병 깨끗이 보관하기 :

오랫동안 방치해 두었던 병에서 냄새가 날 때에는 뜨거운 물로 병 속을 깨끗이 씻은 후에 숯을 잘게 잘라 넣고 하루쯤 놓아두면, 냄새가 사라진다.

◎ 전구나 거울 조각 청소하기 :

대충 빗자루로 쓸어낸 다음, 탈지면을 주먹만큼 뭉쳐 바닥을 닦아내면 보이지 않는 유리가루까지 깨끗이 닦여나간다.

◎ **매직펜을 쓰는 화이트보드의 얼룩이 잘 안 지워질 때 :**

모기약을 뿌린 후 티슈로 닦아내면 몰라보게 깨끗해진다.

◎ **볼펜 잉크가 잘 안 나올 때 :**

볼펜의 끝부분을 뜨거운 물에 담갔다가 곧바로 찬물에 담가 쓰면 잘 나

온다.

◎ **구두를 닦을 때 윤이 잘 안 나면 :**

구두약을 바른 후 가스레인지 불에 닿지 않도록 살짝 쬐어 준다.

◎ **꽃병의 꽃을 오래 두려면 :**

꽃병 속에 표백제를 한두 방울 떨어뜨린다. 살균효과가 있어서 꽃에 세

균이 달라붙지 않아 오랫동안 싱싱하다. 혹은 꽃병에 10원짜리 동전을

2~3개 넣어두면 꽃이 오래 간다. 꽃병의 물에 탄산과 설탕을 조금 섞어

넣어두어도 효과가 있다.

◎ **자동차 앞 유리 닦을 때 :**

콜라를 섞어 닦으면 맑아진다.

◎ **유리나 거울의 기름때를 지울 때 :**

감자로 닦는다.

◎ **창문 닦을 때 :**

귤껍질로 얼룩진 창문을 닦으면 상당히 깨끗해진다.

◎ **전화기의 손때 지우려면 :**

식초를 2~3방울 물에 풀어 닦으면 얼룩도 제거되고 정전기가 방지되어
먼지도 잘 타지 않는다.

◎ **새 가구의 얼룩 막으려면 :**

새로 산 가구는 20~30㎝ 떨어진 곳에서 방수 스프레이를 골고루 뿌려
주면 가구가 더러워지거나 얼룩이 생기는 것을 막을 수 있다.

◎ **실내용 빗자루를 오래 사용하려면 :**

한쪽으로 쏠려서 비질하기가 불편할 때 물과 소금을 10대1의 비율로 섞
어 20분 정도 담가두었다가 충분히 말려서 사용한다.

◎ **새로 바른 벽지에 기름이 튀거나 잡티가 묻었을 때 :**

분첩에 땀띠분을 묻혀 기름이 묻은 부분을 두들긴 다음 깨끗한 헝겊에다
땀띠약을 발라 닦아내면 흔적도 없이 사라진다.

◎ 욕실의 거울에 김이 서릴 때 :

감자를 잘라서 거울에 문지르고 하얀 전분을 닦아내면 거울의 더러운 것들이 지워질 뿐 아니라 김서림도 방지할 수 있다.

◎ 욕실 거울이 뿌옇게 되는 것을 방지하려면 :

거울에 비누나 샴푸를 발라 마른 천으로 닦는다.

◎ 욕실의 비누걸이가 자꾸 떨어질 때 :

뜨거운 물에 담가두었다가 붙인다.

◎ 화장실에서 물 내릴 때 :

변기 뚜껑을 닫지 않고 물을 내리면 병균이 공기 중으로 잘 퍼져 위생상 좋지 않다.

◎ 가구를 옮길 때 :

신문지를 두껍게 접어 가구 밑에 깐 다음 레일 대용으로 활용하면 쉽게 가구를 옮길 수 있다.

◎ 싱크대와 장롱 뒤쪽 등에 곰팡이가 피었을 때 :

곰팡이는 산에 약하므로 마른걸레에 식초를 발라 닦아주면 쉽게 곰팡이를 없앨 수 있다.

◎ **가구에 벌레 먹은 구멍이 생겼다면 :**

살충제를 구멍 안에 뿌려 벌레를 죽인 다음 촛농을 떨어뜨려 구멍을 메
우면 가구가 상하지 않는다.

◎ **가습기 물을 갈아 줄 때 :**

물은 끓였다 식힌 물이 좋다. 물을 갈 때마다 물통 속까지 깨끗이 씻는다.
세제는 가능한 한 사용하지 않는다. 물을 갈 때 가습기 속에 남은 물은 버
린다. 그 물이 오염돼 수증기로 뿜어져 나오면서 공기 중에 균이 떠돌게
되면 폐로 들어가 건강에 좋지 않기 때문이다.

◎ **가습기를 실내에서 사용할 때 :**

하루에도 여러 차례 환기를 시켜주는 게 좋다. 사람과 최소한 2-3m의
거리를 유지한다. 기관지가 약한 사람은 가능하면 침실 외에 다른 곳에
가습기를 틀어놓고 간접적으로 습기가 닿도록 한 뒤 잠드는 게 좋다.

◎ **변기가 막혔을 때 :**

샴푸 몇 방울을 떨어뜨린 후 30분 뒤에 물을 내리면 뚫린다.

◎ 기타 :

- 욕조, 세면대, 싱크대는 베이킹파우더로 닦으면 반짝반짝 빛이 난다.

- 방바닥에 묻은 볼펜 자국은 물파스로 닦으면 잘 지워진다.

- 사과 반쪽을 차 안에 하룻밤 놔두면 차 안의 냄새가 제거된다.

- 장미꽃을 화병에 꽂을 때 소다수를 부으면 시들지 않고 오래간다.

- 욕조는 버터와 고운 소금과 우유를 섞어 닦아주면 새것과 같이 윤이 난다.

- 하수구가 막히면 거친 소금을 한 주먹 넣고 뜨거운 물을 부으면 뚫린다.

- 거울이나 유리를 닦을 때 식초에 젖은 수건으로 닦으면 깨끗해진다.

- 색이 바랜 플라스틱 용기(화분이나 창문틀)는 버터로 닦아주면 다시 본래 색이 된다.

- 변기의 때를 없앨 때는 콜라를 사용하면 콜라에 함유된 시트르산이 깨끗하게 해준다.

- 개미가 생기면 장롱 밑이나 구석에 소금을 뿌린다.

- 바퀴벌레가 생기면 가을 은행잎을 모아 비닐봉지에 구멍을 뚫어 집안 곳곳에 두면 바퀴벌레가 없어진다.

4
그 외의 생활 팁

◎ **안경에 김이 서릴 때 :**

렌즈에 비누칠을 하거나, 샴푸를 몇 방울 떨어뜨려 닦는다.

◎ **목 아플 때 부드럽게 하기 :**

귀 뒤의 동그란 뼈 아래쪽의 오목한 곳을 가볍게 누른다. 목 근육의 긴장
과 통증을 완화시켜 주어 목의 움직임이 훨씬 부드러워진다.

◎ **목욕 끝내기 :**

목욕을 끝마칠 때, 발에 냉수를 뿌리는 것으로 마무리하면, 표면의 혈관
이 수축되어 열의 발산이 적어지고 몸이 쉽게 처지지 않는다.

◎ **살 속으로 파고 들어가는 발톱 깎기 :**

탈지면에 식초를 흠뻑 적셔 발톱 위에 약 10분간 올려놓으면 발톱이 물러
지면서 통증이 멎는다. 이때 손톱깎이로 깎으면 아프지 않고 잘 깎인다.

◎ 가격표나 스티커 뗄 때 :

헤어드라이어로 뜨거운 바람을 쐬어 주면 쉽게 뗄 수 있다. 가격표나 상표가 붙어있던 자리에 남아 있는 흔적은 식용유로 닦으면 제거된다.

◎ 불면증 때문에 고민이 될 때 :

머리맡에 양파를 놓고 취침하면, 양파 특유의 냄새가 신경을 안정시켜 주어 편히 잠들 수 있다.

◎ 잘 안 쓰는 향수를 알뜰하게 사용하는 법 :

먼저 머리 감을 때 마지막 헹구는 물에 한두 방울 향수를 첨가하면 하루 종일 은은한 향이 풍겨 나온다. 옷장이나 속옷 서랍에도 넣어두면 좋다.

◎ 쓰레기봉투를 버릴 때 :

악취를 방지하기 위해 소다를 뿌려주면 냄새가 줄어든다.

◎ 기타 :

– 주차스티커는 모기약을 뿌리고 닦으면 아주 말끔히 떨어진다.

– 잘못 붙인 우표를 잘 떼려면 냉장고의 냉각통에 잠시 넣었다 떼면 된다.

– 발이 저릴 때는 다리를 X자로 교차하고 30초 정도 꿇었다 일어나면

신기하게도 다리 저림이 사라지게 된다.

─ 딸꾹질은 혀를 잡아당겨 신경에 자극을 주면 멈추게 된다.

삶과 죽음에 관한 명언들

◎ 늙어서 이렇게 편안한 것을, 버리고 갈 것만 남아서 홀가분하다. (박경리)

◎ 자신의 가치는 다른 어떤 누군가가 아닌, 바로 자신이 정하는 것이다. (엘리노어 루스벨트)

◎ 새로운 시간 속에서 새로운 마음을 담아야 한다. (아우구스티누스)

◎ 운(運)은 계획에서 비롯된다. (브랜치 리키)

◎ 삶을 깊이 이해하면 할수록, 죽음으로 인한 슬픔은 그만큼 줄어들 것이다. (톨스토이)

◎ 우리는 단지 소작인에 불과하다. 조만간에 대지주는 계약기간이 만기되었음을 통보할 것이다. (죠셉 제퍼슨)

◎ 나온다. 운다. 그것이 인생이며, 하품한다. 간다. 그것이 죽음이다. (송 드 샹세유)

◎ 한 닢의 동전이 들어있는 항아리는 요란스러운 소리를 내지만, 동전이 가득 찬 항아리는 조용하다. (탈무드)

◎ 죽음이 오늘이라도 찾아오면, 힘을 다해 열심히 죽을 것이다. (소노 아야꼬)

◎ 삶은 고통도, 그렇다고 기쁨도 아니다. 그것은 우리가 마땅히 해야만 하

는 일이며 목숨이 끊어지는 그 순간까지 우리가 정직하게 해야만 하는 일이다. (토크빌)

◎ 친구를 얻는 유일한 방법은 스스로 완전한 친구가 되는 것이다 (에머슨)

◎ 이별의 시간이 왔다. 우린 자기 길을 간다. 나는 죽고 너는 산다. 어느 것이 더 좋은가는 하느님만이 아신다. (소크라테스)

◎ 인생은 멀리서 보면 희극이고, 가까이 보면 비극이다. (찰리 채플린)

◎ 원하는 바를 정하고, 그것을 위해 무엇을 기꺼이 버릴 수 있는지 결심하라. 우선순위를 확립하고 그에 따라 일하라. (H. L. 헌트)

◎ 길이 가깝다고 해도 가지 않으면 도달하지 못하며, 일이 작다고 해도 행하지 않으면 성취되지 않는다. (순자)

◎ 가장 편안하고 순수한 기쁨은 노동 후에 취하는 휴식이다. (칸트)

◎ 기적을 일으키는 것은 신이 아니라 자신의 의지다. (버니 시겔)

◎ 걷기가 인간의 삶을 건강하게 만들고 주위 환경과 자신과의 관계를 만들었다. (마빈 해리스)

◎ 모든 생명체의 끝은 죽음이므로 인간의 생명 역시 어느 날 갑자기 그림자처럼 사라지는 것이다. (토마스 아 캠피스)

◎ 자신의 가치는 다른 어떤 누군가가 아닌, 바로 자신이 정하는 것이다. (엘리노어 루스벨트)

◎ 나는 죽음이 또 다른 삶으로 인도한다고 믿고 싶지는 않다. 그것은 닫히면 그만인 문이다. (알베르 까뮈)

◎ 죽음은 한순간이며, 삶은 많은 순간이다. 죽음이란 영원히 잠을 자는 것과 같다. (소크라테스)

◎ 인생에 있어 최초의 40년은 우리에게 교과서를 제공해 준다. 그 후의 30년은 교과서에 대한 주석(註釋)을 제공해 준다. (쇼펜하우어)

◎ 이것 또한 지나가리라. (솔로몬)

◎ 나는 생각한다. 고로 존재한다. (데카르트)

◎ 나 소풍 끝내고 돌아가리라. (천상병)

◎ 큰 시련은 큰 의무를 완수하게 만드는 것이다. (톰슨)

◎ 행복하고 성공한 사람들은 과거에 감사하고 미래의 꿈을 꾸고 현재를 설레며 산다. (모치즈키 도시타카)

◎ 열정은 노력의 어머니다. 어떠한 일도 열정 없이 성취된 것은 없다. (랜프 월도 에머슨)

◎ 노동이 집 안으로 들어오면 빈곤은 도망친다. (로벨트 라이니크)

◎ 군자는 기회가 없다고 불평하지 않는다. (랠프 월도 에머슨)

◎ 인류의 미래는 인간의 상상력과 비전에 달려 있다. (나폴레옹)

◎ 시련이 없다는 것은 축복받은 적이 없다는 것이다. (에드거 앨런 포)

◎ 20대에는 욕망의 지배를 받고, 30대는 이해타산, 40대는 분별력, 그리고 그 나이를 지나면, 지혜로운 경험에 지배를 받는다. (그라시안)

◎ 그대의 꿈이 실현되지 않았다고 해서 가엾게 생각해서는 안 된다. 정말 가엾은 것은 한 번도 꿈꿔 보지 않은 사람이다. (에센바흐)

◎ 죽음은 사람을 슬프게 한다. 삶의 3분의 1을 잠으로 보내면서도. (바이런)

◎ 매일 감사하는 시간을 가져라. 나에게 잃은 것을 한탄하는 시간보다는 나에게 주어진 것을 감사하는 시간이 부족할 뿐이다. (헬렌 켈러)

◎ 집착을 버렸을 때 멋진 인생이 찾아온다. (수 엘런 쿠퍼)

◎ 인생이 엉망인 사람은 없다. 생각이 엉망인 사람만 있을 뿐이다. (작자 미상)

◎ 어떤 사람을 평가하기 전에 그 사람의 신을 신고 세 달만 걸어 보아라. (아메리카 원주민 속담)

◎ 기회는 새와 같은 것, 날아가기 전에 꼭 잡아라. (쉴러)

저자 후기

저자들은 중학교 때부터의 친구로 벌써 70살이 넘었다. 우리는 남은 인생 건강하게 일하다 죽자, 우리가 건강하게 잘 사는 것을 보고 남들이 부러워서 따라 하게 하자. 우리가 건강해야 사회가 건강하고 건강한 사회가 튼튼한 국가를 만드니까. 주변의 친구 지인들의 생활을 보면 골프, 당구 등 대부분 모든 시간을 비생산지향적으로 보내고 있다. 이래서는 본인도 나라도 망한다.

류동순과 내가 우리는 생산적인 일을 하자, 그러면 우리는 우리 후손들에게 건강한 나라를 물려주게 되니까 얼마나 보람된 것이겠는가, 이런 얘기를 나누는 동안 이 책이 완성이 되었다. 야! 그런데 류동순 너 요즘 빌빌거리는 것 같은데, 이 책이 나간 다음에 계속 빌빌거리면 우리는 사기꾼이 된다, 더 힘차게 걸어….

류동순과 전병태는 우리들이 쓴 책대로 살기로 약속을 했다. 이 책이 여러분들의 손에 들어오면 꼭 읽어보시길 바란다. 그리고 실천하시면 후반생을 멋지게 보내실 것이라고 확신한다. 이런 책을 오래전부터 꼭 쓰고 싶었으나 차일피일 미루다 주변의 많은 호응에 힘입어 이 책이 완성되었다. 이 책이 완성되도록 협조해 주신 모든 분들에게 감사를 드린다. 이 책이 우리가 튼튼해지고 우리나라가 튼튼해지는 데 조금이라도 도움이 된다면 류동순과 전병태는 죽는 날까지 보람과 성취감에 젖어 살게 될 것이라 믿으며 출판사에 원고를 보낸다.

개인의 건강과 국가의 건강을 위해 꼭 필요한 책을 만들게 되는 것 같다며 흔쾌히 출판에 응해준 '행복에너지'에 깊은 감사를 드린다.

도서출판 '행복에너지'의 해피 대한민국 프로젝트!
〈모교 책 보내기 운동〉

"좋은 책을 읽는 것은 과거의 가장 뛰어난 사람들과 대화를 나누는 것과 같다." 철학자 데카르트의 말입니다. 빌 게이츠 회장은 **"오늘의 나를 있게 한 것은 우리 마을 도서관이었다. 하버드대학 졸업장보다 소중한 것이 독서 하는 습관이다"**라고 강조했습니다.

책은 풍요로운 인생을 위해 절대적으로 필요한 도구입니다. 특히 청소년기에 독서의 중요성은 아무리 강조해도 지나침이 없습니다. 하지만 우리나라 청소년들의 독서율은 부끄러운 수준입니다. 무엇보다도 읽을 책이 부족한 실정입니다. 많은 학교의 도서관이 가난해지고 있습니다. 학생들의 마음 또한 가난해진 상태입니다. 지금 학교 도서관에는 색이 바랜 오래된 책들이 쌓여 있습니다. 이런 책을 우리 학생들이 얼마나 읽고 싶어 할까요?

게임과 스마트폰에 중독된 초등과 중등학생들, 대학 입시 위주의 교육에서 수능에만 매달리는 고등학생들, 치열한 취업 준비에 매몰되어 책 읽을 시간조차 낼 수 없는 대학생들. 이런 상황에서도 학생들이 책을 읽고 꿈을 꾸고 도전할 수 있도록 책을 읽는 분위기를 조성해야 합니다. 학생들이 읽을 수 있는 좋은 책을 구비할 필요가 있습니다.

저희 도서출판 '행복에너지'에서는 베스트셀러와 각종 기관에서 우수도서로 선정된 도서를 중심으로 〈모교 책 보내기 운동〉을 전개하고 있습니다.

대한민국의 미래, 젊은 꿈나무들에게 좋은 책을 보내주십시오!

독자 여러분의 자랑스러운 모교에 보내진 한 권의 소중한 책은 학생들의 꿈과 마음을 더욱 풍요롭게 하는 촉매제가 될 것입니다.

책을 사랑하시는 독자 여러분의 많은 관심과 참여를 부탁드립니다.

도서출판 **행복에너지** 임직원 일동
문의 전화 010-3267-6277

존경받는 어르신이 되는 행복한 노년 대비법

권선복
도서출판 행복에너지 대표이사

소위 '선진국'의 고령화 현상은 필연적인 현상입니다. 대한민국은 세계에서도 유례없을 정도로 빠른 경제성장을 이루었고, 선진국 반열에 오르면서 세계의 그 어느 나라보다도 빠르게 고령사회로 나아가는 모습을 보이고 있습니다. 실제로 대한민국은 2017년 기준 이미 전체 인구에서 노인 인구의 비중이 14%에 달하는 '고령사회'에 진입한 상태이며 이 속도는 프랑스 115년, 미국 75년, 영국과 독일 45년, 옆 나라 일본이 24년이었던 것에 비해 17년에 불과합니다. 앞으로 그 속도는 더욱 빨라질 것이기에 국가 차원은 물론 개인 차원에서도 대비가 필수라고 할 수 있을 것입니다.

이 책 『노인이 살아야 나라가 산다』는 중학교 때부터 60여 년 가까이 함께해온 단짝동무인 전병태, 류동순 저자가 사회

초년생만큼이나 흔들리는 노년의 시기에 진입하면서 '구질구질하고 외로운' 노년이 아닌 '우아하고 행복한' 노년을 살아가기 위해 갖춰야 할 마음가짐과 준비에 대해 이야기하고 있는 책입니다.

많은 이들은 우아하고 행복한 노년을 위해 가장 필요한 것은 재산이라고 생각할 것입니다. 물론 돈의 중요성은 결코 무시할 수 없으나 그것이 전부는 아니며, 노인으로서의 삶이 자기 자신과 사회에 어떠한 영향을 끼치는지를 이해하고 자신의 정체성을 확립하며, 이제까지 살아왔던 것과는 다른 새로운 관점으로 제2의 인생을 만들어 나가는 자세야말로 은퇴 이후를 준비하는 데에 가장 필요하다는 것이 이 책의 골자입니다. 특히, 은퇴 이후 노인으로서의 삶에 대해 패배주의적, 자조적, 비생산적인 자세를 갖는 것은 개인의 삶뿐만 아니라 사회 전체에도 악영향을 가져온다는 점을 예리하게 분석하며, '노인이 살아야 나라가 산다'는 책 제목처럼, 노년 세대 개인들이 앞장서서 사회적인 사명 의식을 가지고 적극적으로 삶을 개척해 나갈 것을 주문하고 있는 점이 특징입니다.

이 책이 '제2의 인생'을 행복하고 건강하게 전개하고 싶어 하는 모든 분들의 길잡이가 되어 주기를 희망합니다!

'행복에너지'의 해피 대한민국 프로젝트!

〈모교 책 보내기 운동〉 〈군부대 책 보내기 운동〉

한 권의 책은 한 사람의 인생을 바꾸는 힘을 가지고 있습니다. 한 사람의 인생이 바뀌면 한 나라의 국운이 바뀝니다. 그럼에도 불구하고 많은 학교의 도서관이 가난하며 나라를 지키는 군인들은 사회와 단절되어 자기계발을 하기 어렵습니다. 저희 행복에너지에서는 베스트셀러와 각종 기관에서 우수도서로 선정된 도서를 중심으로 〈모교 책 보내기 운동〉과 〈군부대 책 보내기 운동〉을 펼치고 있습니다. 책을 제공해 주시면 수요기관에서 감사장과 함께 기부금 영수증을 받을 수 있어 좋은 일에 따르는 적절한 세액 공제의 혜택도 뒤따르게 됩니다. 대한민국의 미래, 젊은이들에게 좋은 책을 보내주십시오. 독자 여러분의 자랑스러운 모교와 군부대에 보내진 한 권의 책은 더 크게 성장할 대한민국의 발판이 될 것입니다.